575

みんなの俳句がいっぱい！
学校歳時記
❶ 俳句のつくりかた

監修
筑波大学附属小学校
白坂洋一

協力
現代俳句協会
秋尾敏

はじめに

四季《しき》を通《とお》して、わたしたちは自然《しぜん》とともに生活《せいかつ》しています。この『みんなの俳句《はいく》がいっぱい！　学校歳時記《がっこうさいじき》』には、学校《がっこう》での生活《せいかつ》を中心《ちゅうしん》とした一年間《いちねんかん》の行事《ぎょうじ》や自然《しぜん》の様子《ようす》などをまとめています。季節《きせつ》の移《うつ》り変《か》わりとともにわたしたちが感《かん》じる心《こころ》、さらには、くらしの知恵《ちえ》がつまっていると言《い》っていいでしょう。

第《だい》1巻《かん》には、俳句《はいく》についての解説《かいせつ》や俳句《はいく》づくりのヒントを掲載《けいさい》しています。また、ワークシートを使《つか》った俳句《はいく》づくりを紹介《しょうかい》していますので、コピーして、あなたらしい俳句《はいく》づくりに挑戦《ちょうせん》してもらいたいと思《おも》います。俳句道場《はいくどうじょう》やコラムには、あなたの俳句《はいく》をレベルアップするポイントが掲載《けいさい》されています。

さあ、みなさんも『みんなの俳句《はいく》がいっぱい！　学校歳時記《がっこうさいじき》』のページをめくって、俳句《はいく》の世界《せかい》へ飛《と》びこみましょう！

筑波大学附属小学校《つくばだいがくふぞくしょうがっこう》　白坂洋一《しらさかよういち》

この本《ほん》の説明《せつめい》

575
ぼくはハイキング！
いっしょに楽《たの》しく
俳句《はいく》を学《まな》んで
いこう！

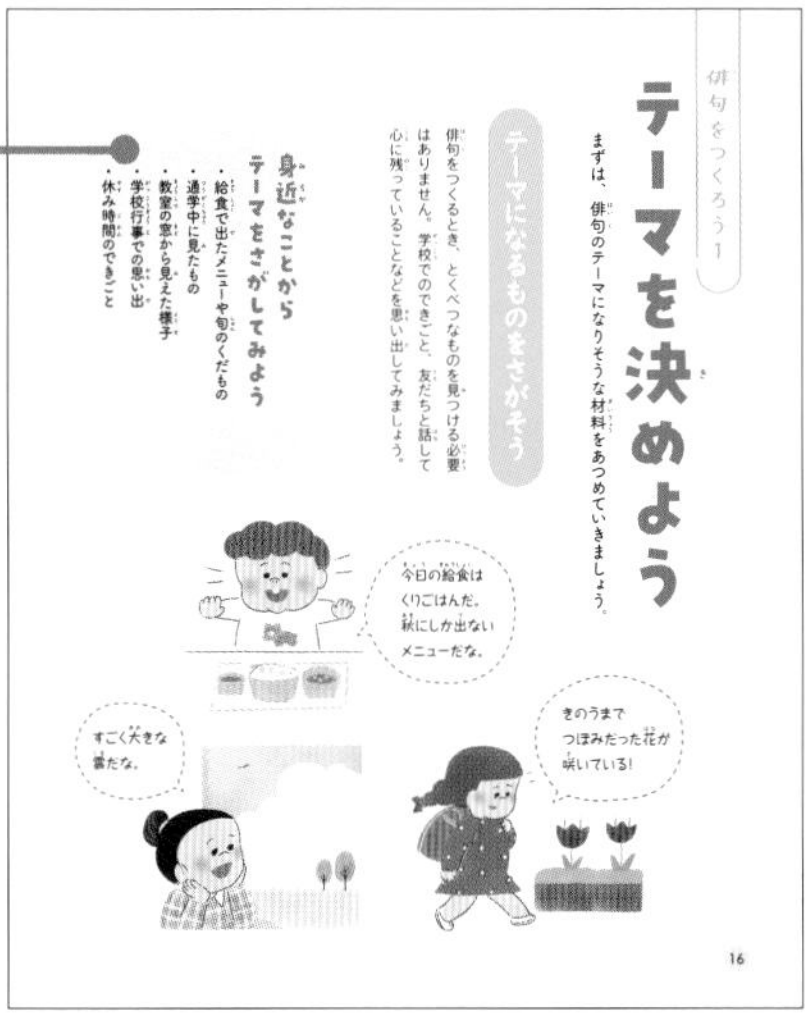
俳句をつくろう1
テーマを決めよう
まずは、俳句のテーマになりそうな材料をあつめていきましょう。
テーマになるものをさがそう
俳句をつくるとき、とくべつなものを見つける必要はありません。学校でのできごと、友だちと話して心に残っていることなどを思い出してみましょう。
身近なことからテーマをさがしてみよう
・給食で出たメニューや旬のくだもの
・通学中に見たもの
・教室の窓から見えた様子
・学校行事での思い出
・休み時間のできごと

今日の給食はくりごはんだ。秋にしか出ないメニューだな。
すごく大きな雲だな。
きのうまでつぼみだった花が咲いている！

16

俳句《はいく》のつくりかたやポイントなどを、順番《じゅんばん》に説明《せつめい》しています。また、俳句《はいく》を楽《たの》しむ方法《ほうほう》なども紹介《しょうかい》しています。

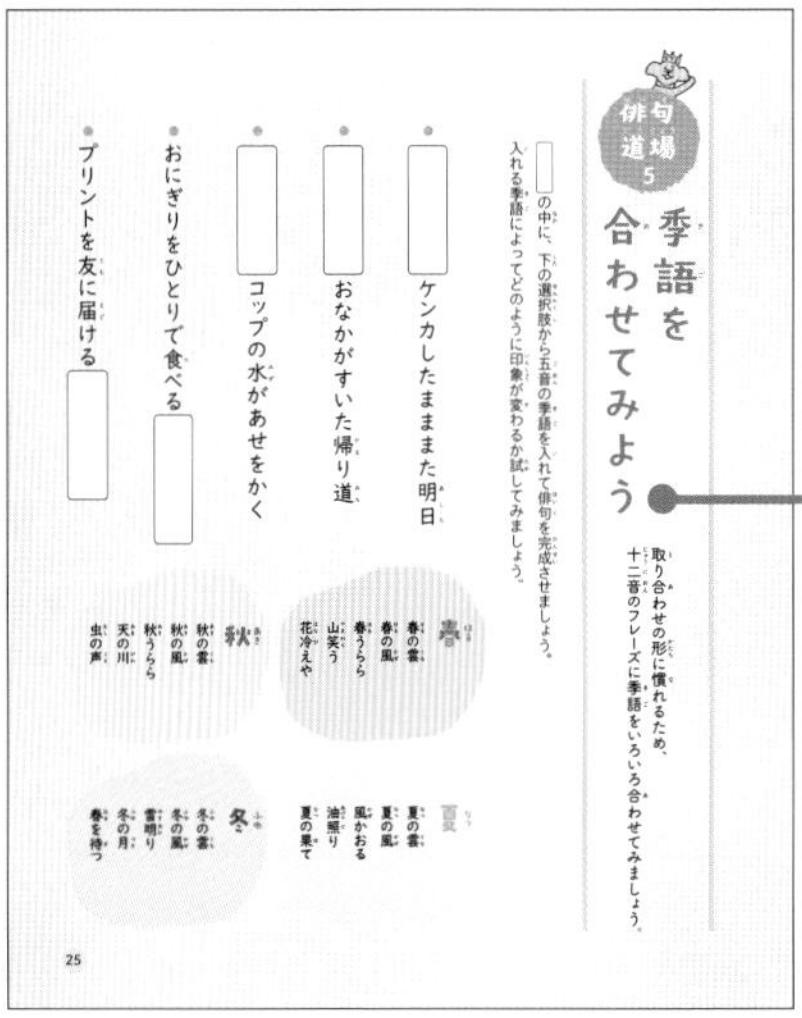
俳句道場5
季語を合わせてみよう
取り合わせの形に慣れるため、十二音のフレーズに季語をいろいろ合わせてみましょう。
□の中に、下の選択肢から五音の季語を入れて俳句を完成させましょう。入れる季語によってどのように印象が変わるか試してみましょう。
・□ケンカしたままま明日
・□おなかがすいた帰り道
・□コップの水があせをかく
・おにぎりをひとりで食べる□
・プリントを友に届ける□
春　春の雲　春の風　春うらら　山笑う　花冷えや
夏　夏の雲　夏の風　風かおる　油照り　夏の果て
秋　秋の雲　秋の風　秋うらら　天の川　虫の声
冬　冬の雲　冬の風　雪明り　冬の月　春を待つ
25

俳句道場《はいくどうじょう》のページでは、俳句《はいく》を楽《たの》しんだり、俳句《はいく》づくりの練習《れんしゅう》をしたりすることができます。ぜひ取《と》り組《く》んでみてください。

もくじ

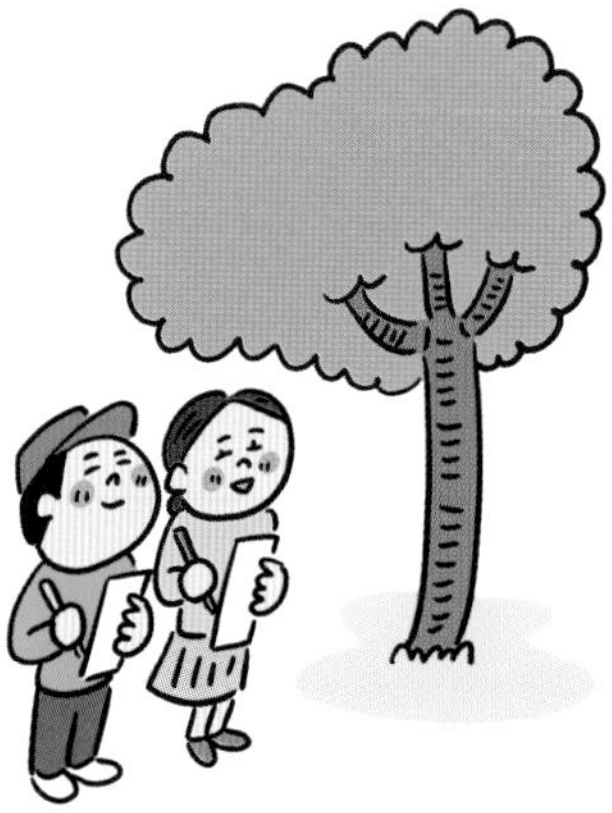

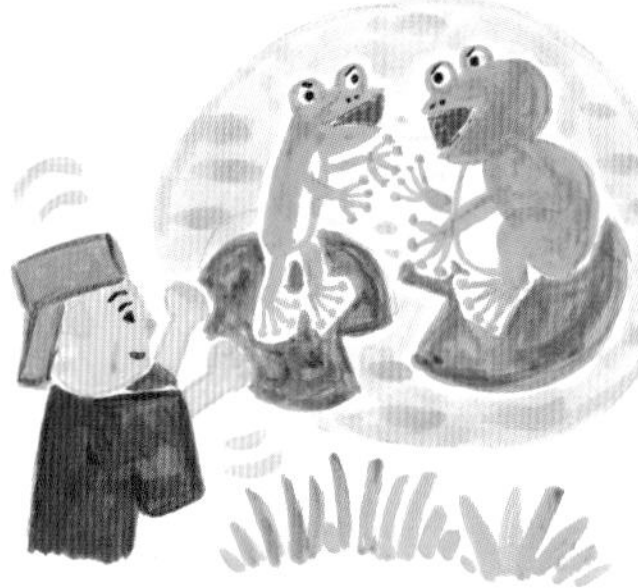

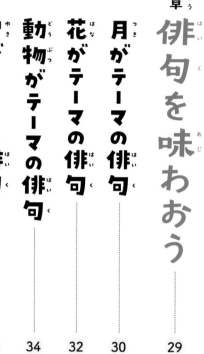

1章《しょう》

俳《はい》句《く》で遊《あそ》ぼう

俳《は》句《く》ってなに？

俳句《はいく》は、日本《にほん》の伝統的《でんとうてき》な詩《し》のひとつです。十七音《じゅうしちおん》でつくられる世界《せかい》で一番短《いちばんみじか》い詩《し》といわれています。まずは、俳句《はいく》の基本的《きほんてき》な型《かた》を知《し》っておきましょう。

雪《ゆき》とけて（五）
村一《むらいっ》ぱいの（七）
子《こ》どもかな（五）

小林一茶《こばやしいっさ》

基《き》本《ほん》1　五《ご》・七《しち》・五《ご》の十七音《じゅうしちおん》でつくる

俳句《はいく》は基本的《きほんてき》に、五音《ごおん》・七音《しちおん》・五音《ごおん》の合計十七音《ごうけいじゅうしちおん》でつくられます。この「五《ご》・七《しち》・五《ご》」のリズムは、日《に》本人《ほんじん》にとって昔《むかし》からなじみのあるひびきです。

基《き》本《ほん》2　季語《きご》を入《い》れる

俳句《はいく》の十七音《じゅうしちおん》の中《なか》には、必《かなら》ず「季語《きご》」を入《い》れます。季語《きご》とは、春《はる》、夏《なつ》、秋《あき》、冬《ふゆ》、新年《しんねん》のどの季節《きせつ》かを表《あらわ》す言葉《ことば》です。基本的《きほんてき》に、俳句一句《はいくいっく》につき季語《きご》はひとつ入《い》れる決《き》まりになっています。

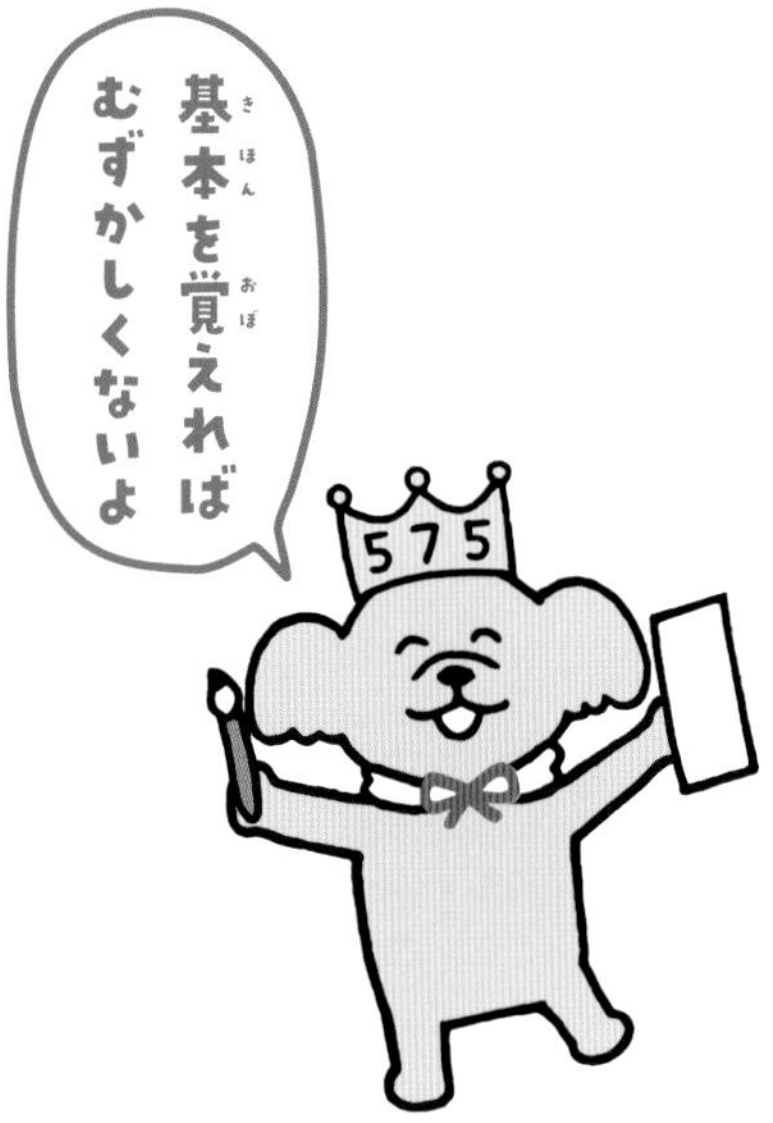

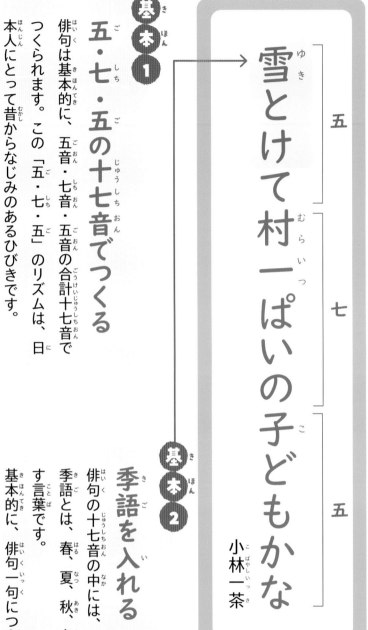

俳句《はいく》道場《どうじょう》1

音《おん》数《すう》を数《かぞ》えてみよう

俳句《はいく》のリズムに慣《な》れるために
音数《おんすう》の数《かぞ》え方《かた》を覚《おぼ》えましょう。
言葉《ことば》を声《こえ》に出《だ》しながら
手拍子《てびょうし》をするとわかりやすいです。

ポイント 数《かぞ》え方《かた》のルール

- 小《ちい》さい「っ」や「ゃ」「ゅ」「ょ」がつかない音《おん》は一字《いちじ》で一音《いちおん》として数《かぞ》える。
  例《れい》 あさり→三音《さんおん》
- 小《ちい》さい「っ」はそれだけで一音《いちおん》と数《かぞ》える。
  例《れい》 きって→三音《さんおん》
- 小《ちい》さい「ゃ」「ゅ」「ょ」は、前《まえ》につく字《じ》と合《あ》わせて一音《いちおん》と数《かぞ》える。
  例《れい》 しゃしん→三音《さんおん》
- 「ー」でのばす音《おん》は、一音《いちおん》と数《かぞ》える。
  例《れい》 ゴール→三音《さんおん》
- 「ん」は、一音《いちおん》と数《かぞ》える。
  例《れい》 てんぷら→四音《よんおん》

しゃぼんだま　1 2 3 4 5

アイスクリーム　1 2 3 4 5 6 7

みずでっぽう　1 2 3 4 5 6

チューリップ　1 2 3 4 5

しょうがっこう　1 2 3 4 5 6

マークのところでいっしょに手《て》をたたいてみよう！

小《ちい》さい「っ」のところに注意《ちゅうい》だね

俳《はい》句《く》を読《よ》んで想《そう》像《ぞう》しよう

俳句《はいく》は、十七音《じゅうしちおん》という短《みじか》い音数《おんすう》でつくられるため
すべてをくわしく説明《せつめい》することはできません。
その分《ぶん》、読《よ》んだ人《ひと》が想像《そうぞう》を広《ひろ》げられる楽《たの》しさがあります。

想像《そうぞう》したことを
友《とも》だちと話《はな》し合《あ》って
みるのもいいね

古池《ふるいけ》や蛙《かわず》飛《と》びこむ水《みず》の音《おと》

松尾芭蕉《まつおばしょう》

意味《いみ》：古《ふる》い池《いけ》があるなあ。 かえるが飛《と》びこむ音《おと》が聞《き》こえてきたよ。

想像《そうぞう》してみよう

・池《いけ》はどのくらいの大《おお》きさ？
・池《いけ》のまわりはどんな雰囲気《ふんいき》？
・かえるはどのくらいの大《おお》きさ？
・かえるは何匹《なんびき》いる？
・時間《じかん》はいつごろ？

どんな音《おと》が聞《き》こえてくるかな？

次《つぎ》の俳句《はいく》を読《よ》んで想像《そうぞう》をふくらませてみましょう。

●どんな水《みず》の音《おと》がするか想像《そうぞう》してみよう

古池《ふるいけ》や蛙《かわず》飛《と》びこむ水《みず》の音《おと》

松尾芭蕉《まつおばしょう》

ポチャン
ザブン
ボチャン
ボッチャーン
トプン
ピチョン

●どんな雨《あめ》の音《おと》がするか想像《そうぞう》してみよう

夜桜《よざくら》や人《ひと》静《しず》まりて雨《あめ》の音《おと》

正岡子規《まさおかしき》

サーサー
ザーザー
ポタポタ
ゴーゴー
ポツリポツリ
ピチャピチャ

小《ち》さなかえるが飛《と》びこんで「トプン」と小《ち》さな音《おと》がしたのを想像《そうぞう》したよ
やわらかい春《はる》の雨《あめ》が「サーサー」降《ふ》る音《おと》が聞《き》こえる気《き》がしたよ

俳句《はいく》道場《どうじょう》3

言葉《ことば》をえらんで俳句《はいく》をつくろう

まずは俳句《はいく》づくりの準備運動《じゅんびうんどう》。チャレンジ1からチャレンジ3の三《みっ》つの方法《ほうほう》で俳句《はいく》をつくってみましょう。

チャレンジ1　言葉《ことば》を三《みっ》つえらんで組《く》み合《あ》わせよう

左《ひだり》のページから五音《ごおん》・七音《しちおん》・五音《ごおん》の言葉《ことば》をえらんで組《く》み合《あ》わせ、俳句《はいく》をつくってみましょう。

● **言葉《ことば》を三《みっ》つえらんでできた俳句《はいく》**

春《はる》の空《そら》　ふと思《おも》い出《だ》す　お友《とも》だち

雪景色《ゆきげしき》　ひやあせかいた　すべり台《だい》

秋《あき》の暮《くれ》　おなかがすいた　帰《かえ》り道《みち》

チャレンジ2　言葉《ことば》を二《ふた》つえらんで間《あいだ》の七音《しちおん》を考《かんが》えよう

最初《さいしょ》の五音《ごおん》（季語《きご》）と最後《さいご》の五音《ごおん》だけ、左《ひだり》のページの選択肢《せんたくし》からえらび、間《あいだ》の七音《しちおん》を自分《じぶん》で考《かんが》えて、俳句《はいく》をつくってみましょう。

● **言葉《ことば》を二《ふた》つえらんでできた俳句《はいく》**

すきま風《かぜ》　かぜをひいたよ　お友《とも》だち

熱帯夜《ねったいや》　ねむれないから　宙返《ちゅうがえ》り

雪景色《ゆきげしき》　ココアでほっと　マグカップ

チャレンジ3

季語《きご》だけえらんで残《のこ》りの十二音《じゅうにおん》を考《かんが》えよう

最初《さいしょ》の五音《ごおん》で季語《きご》をえらび、残《のこ》りの七音《しちおん》と五音《ごおん》を自分《じぶん》で考《かんが》えて、俳句《はいく》をつくってみましょう。

● **季語《きご》だけえらんでできた俳句《はいく》**

いわし雲《ぐも》 風《かぜ》にあわせて およいでく

冬《ふゆ》の月《つき》 暗《くら》い夜道《よみち》を 照《て》らしてる

春《はる》の風《かぜ》 自転車《じてんしゃ》走《はし》る 川《かわ》のそば

季語《きご》

最初《さいしょ》の五音《ごおん》

春《はる》の空《そら》
春《はる》の風《かぜ》
春《はる》の夜《よる》
おぼろ月《づき》
風光《かぜひか》る
夏《なつ》の空《そら》
夏《なつ》の風《かぜ》
夏《なつ》の雲《くも》
熱帯夜《ねったいや》
夏休《なつやす》み
秋《あき》の空《そら》
秋《あき》の暮《くれ》
秋《あき》の雨《あめ》
いわし雲《ぐも》
虫《むし》の声《こえ》
冬《ふゆ》の空《そら》
冬《ふゆ》の月《つき》
冬《ふゆ》の朝《あさ》
雪景色《ゆきげしき》
すきま風《かぜ》

間《あいだ》の七音《しちおん》

三《みっ》つならんだ
急《いそ》いで食《た》べた
ゆっくり歩《ある》く
ひやあせかいた
こしをぬかした
おなかがすいた
夢《ゆめ》に出《で》てきた
笑顔《えがお》になった
ふと思《おも》い出《だ》す
ためいきついた
大《おお》きくジャンプ
父《ちち》といっしょに
なみだを流《なが》す
おこった顔《かお》の
いつまでも待《ま》つ

最後《さいご》の五音《ごおん》

せんたくき
夕《ゆう》ごはん
帰《かえ》り道《みち》
信号機《しんごうき》
すべり台《だい》
宙返《ちゅうがえ》り
たまごやき
古時計《ふるどけい》
通《とお》せんぼ
マグカップ
お友《とも》だち
タブレット
文房具《ぶんぼうぐ》
ピンク色《いろ》
グラウンド

コラム 俳句《はいく》の歴史《れきし》を知《し》ろう

俳句《はいく》は、日本《にほん》の伝統的《でんとうてき》な詩《し》のひとつです。
俳句《はいく》ができるまでの歴史《れきし》を見《み》てみましょう。

奈良時代《ならじだい》

和歌《わか》から始《はじ》まった俳句《はいく》

俳句《はいく》は元々《もともと》、「和歌《わか》」から派生《はせい》したものだといわれています。和歌《わか》は日本《にほん》の伝統的《でんとうてき》な詩歌《しいか》で、さまざまな形《かたち》がありましたが、奈《な》良時代《らじだい》に「五《ご》・七《しち》・五《ご》・七《しち》・七《しち》」の形《かたち》になりました。

平安時代《へいあんじだい》

和歌《わか》の連歌《れんが》が人気《にんき》に

平安時代《へいあんじだい》に貴族《きぞく》や武士《ぶし》たちの間《あいだ》で、上《かみ》の句《く》の「五《ご》・七《しち》・五《ご》」と下《しも》の句《く》の「七《しち》・七《しち》」を別《べつ》の人《ひと》が詠《よ》む「連歌《れんが》」が流行《りゅうこう》し始《はじ》めました。

鎌倉《かまくら》～室町時代《むろまちじだい》

俳諧《はいかい》の連歌《れんが》が生《う》まれる

鎌倉時代《かまくらじだい》になると、何人《なんにん》かで上《かみ》の句《く》と下《しも》の句《く》を交互《こうご》に詠《よ》みあい、いくつも重《かさ》ねる長連歌《ちょうれんが》が詠《よ》まれました。また、和歌《わか》の連歌《れんが》は貴《き》族《ぞく》や武士《ぶし》の遊《あそ》びでしたが、だんだんと一般《いっぱん》の人《ひと》にも親《した》しまれるようになります。そのとき、しゃれなどのおかしい内容《ないよう》を加《くわ》えた連歌《れんが》がつくられるようになり、「俳諧《はいかい》の連《れん》歌《が》」と呼《よ》ばれるようになりました。

江戸時代《えどじだい》

発句《ほっく》が重視《じゅうし》されるように

江戸時代《えどじだい》になると、俳諧《はいかい》の連歌《れんが》の発句《ほっく》が重視《じゅうし》されるようになります。発句《ほっく》とは、連歌《れんが》の最《さい》初《しょ》の「五《ご》・七《しち》・五《ご》」の部分《ぶぶん》のことで、ここに季語《きご》を入《い》れる決《き》まりがありました。また、松《まつ》尾芭蕉《おばしょう》（↓31ページ）によって、「俳諧《はいかい》」が単《たん》なる言葉遊《ことばあそ》びの句《く》から、芸術《げいじゅつ》の地位《ちい》まで高《たか》められたといわれています。松尾芭蕉《まつおばしょう》は「わび」と「さび」、「軽《かる》み」などを追求《ついきゅう》した作品《さくひん》を残《のこ》しました。

明治時代《めいじじだい》

そして俳句《はいく》へ……

明治時代《めいじじだい》に入《はい》ると俳諧《はいかい》の連歌《れんが》の独立《どくりつ》した発句《ほっく》を「俳句《はいく》」と呼《よ》ぶようになり、多《おお》くの人《ひと》に広《ひろ》まっていきました。

大正時代《たいしょうじだい》

さまざまな形《かたち》の俳句《はいく》が生《う》まれていく

音数《おんすう》にとらわれない自由律俳句《じゆうりつはいく》や季語《きご》の入《はい》っていない無季俳句《むきはいく》などもつくられるようになりました。また一方《いっぽう》で、伝統的《でんとうてき》な形式《けいしき》を重視《じゅうし》する人《ひと》たちもいて、様々《さまざま》な俳句《はいく》が広《ひろ》がっていきました。

2章《しょう》

俳《はい》句《く》づくりのヒント

俳《は》句《い》をつくろう《く》

俳句《はいく》のことがわかってきたら、今度《こんど》は自分《じぶん》で一《いち》から俳句《はいく》づくりにチャレンジしてみましょう！

おさらい 俳《は》句《い》の基《く》本《き》の型《ほん》《かた》

五音《ごおん》・七音《しちおん》・五音《ごおん》を組《く》み合《あ》わせて合計十七音《ごうけいじゅうしちおん》でつくる

＋

季語《きご》をかならずひとつ入《い》れる

俳句《はいく》の中《なか》には、「五《ご》・七《しち》・五《ご》」になっていないものや、季語《きご》が入《はい》っていないもの、季語《きご》がふたつ以上入《いじょうはい》っているものなどもありますが、まずは基本《きほん》を守《まも》ってつくってみましょう。

発《はっ》展《てん》 俳《はい》句《く》のいろいろな表現《ひょうげん》

五《ご》・七《しち》・五《ご》より音《おん》の数《かず》が多《おお》くなることを「字余《じあま》り」という。

例 雀《すずめ》の子《こ》そこのけそこのけ御馬《おうま》が通《とお》る　小林一茶《こばやしいっさ》

五《ご》・七《しち》・五《ご》より音《おん》の数《かず》が少《すく》なくなることを「字足《じた》らず」という。

例 兎《うさぎ》も片耳《かたみみ》垂《た》るる大暑《たいしょ》かな　芥川龍之介《あくたがわりゅうのすけ》

五《ご》・七《しち》・五《ご》のリズムにとらわれない俳句《はいく》を「自由律《じゆうりつ》俳句《はいく》」という。

例 咳《せき》をしても一人《ひとり》　尾崎放哉《おざきほうさい》

季語《きご》がふたつ以上入《いじょうはい》ることを「季重《きがさ》なり」という。

例 目《め》には青葉山《あおばやま》ほととぎす初鰹《はつがつお》　山口素堂《やまぐちそどう》

季語《きご》が入《はい》っていない俳句《はいく》を「無季《むき》」という。

例 しんしんと肺碧《はいあお》きまで海《うみ》の旅《たび》　篠原鳳作《しのはらほうさく》

俳句《はいく》の表記《ひょうき》

俳句《はいく》の表記《ひょうき》は、基本的《きほんてき》には改行《かいぎょう》せずに、たて書《が》き一《いち》行《ぎょう》で書《か》きます。また、五《ご》・七《しち》・五《ご》の区切《くぎ》りなどで間《あいだ》をあけずにつなげて書《か》き、句読点《くとうてん》などは使《つか》わないのがふつうです。

●表記《ひょうき》の例《れい》

古池《ふるいけ》や蛙《かわず》飛《と》びこむ水《みず》の音《おと》

松尾芭蕉《まつおばしょう》

※ただし、自分《じぶん》の表現《ひょうげん》したいことを伝《つた》えるための工夫《くふう》として、区切《くぎ》りで間《あいだ》をあけて書《か》いたり、句読点《くとうてん》を入《い》れた例《れい》もあります。

まずは基本《きほん》の表記《ひょうき》で書《か》いてみよう

基本的《きほんてき》なことは覚《おぼ》えたからさっそく俳句《はいく》づくりにとりかかるぞ！

575
俳句《はいく》のつくりかたにはいろいろな方法《ほうほう》があるよ次《つぎ》のページからひとつの例《れい》を紹介《しょうかい》するね

テーマを決《き》めよう

まずは、俳句《はいく》のテーマになりそうな材料《ざいりょう》をあつめていきます。まわりをよく見《み》て、自分《じぶん》の心《こころ》を表現《ひょうげん》できそうなものをさがしてみましょう。

テーマになるものをさがそう

俳句《はいく》をつくるとき、とくべつなものを見《み》つける必要《ひつよう》はありません。学校《がっこう》でのできごと、友《とも》だちと話《はな》して心《こころ》に残《のこ》っていることなどを思《おも》い出《だ》してみましょう。

身近《みぢか》なことからテーマをさがしてみよう

- 給食《きゅうしょく》で出《で》たメニューや旬《しゅん》のくだもの
- 通学中《つうがくちゅう》に見《み》たもの
- 教室《きょうしつ》の窓《まど》から見《み》えた様子《ようす》
- 学校行事《がっこうぎょうじ》での思《おも》い出《で》
- 休《やす》み時間《じかん》のできごと

今日《きょう》の給食《きゅうしょく》は
くりごはんだ。
秋《あき》にしか出《で》ない
メニューだな。

きのうまで
つぼみだった花《はな》が
咲《さ》いている!

すごく大《おお》きな
雲《くも》だな。

メモしておこう！

テーマになりそうなものを見《み》つけたら、箇条書《かじょうが》きでも、文章《ぶんしょう》にしてもいいので、どんどんメモしていきましょう。また、気《き》になる言葉《ことば》に出会《であ》ったら、メモしておいて意味《いみ》を調《しら》べてみるのもおすすめです。

俳句《はいく》のテーマ
・帰《かえ》り道《みち》の黄色《きいろ》い菜《な》の花《はな》
・とんでいるみつばちが三匹《さんびき》
・雲《くも》がくじらみたい
・今日《きょう》の給食《きゅうしょく》はくりごはん

学校《がっこう》の池《いけ》でかえるを見《み》つけた！
・体《からだ》は丸《まる》いのに、あしは細《ほそ》い。色《いろ》は茶色《ちゃいろ》だった。
・ヌメヌメしていそう。
・池《いけ》にポチャンと飛《と》びこんだ。

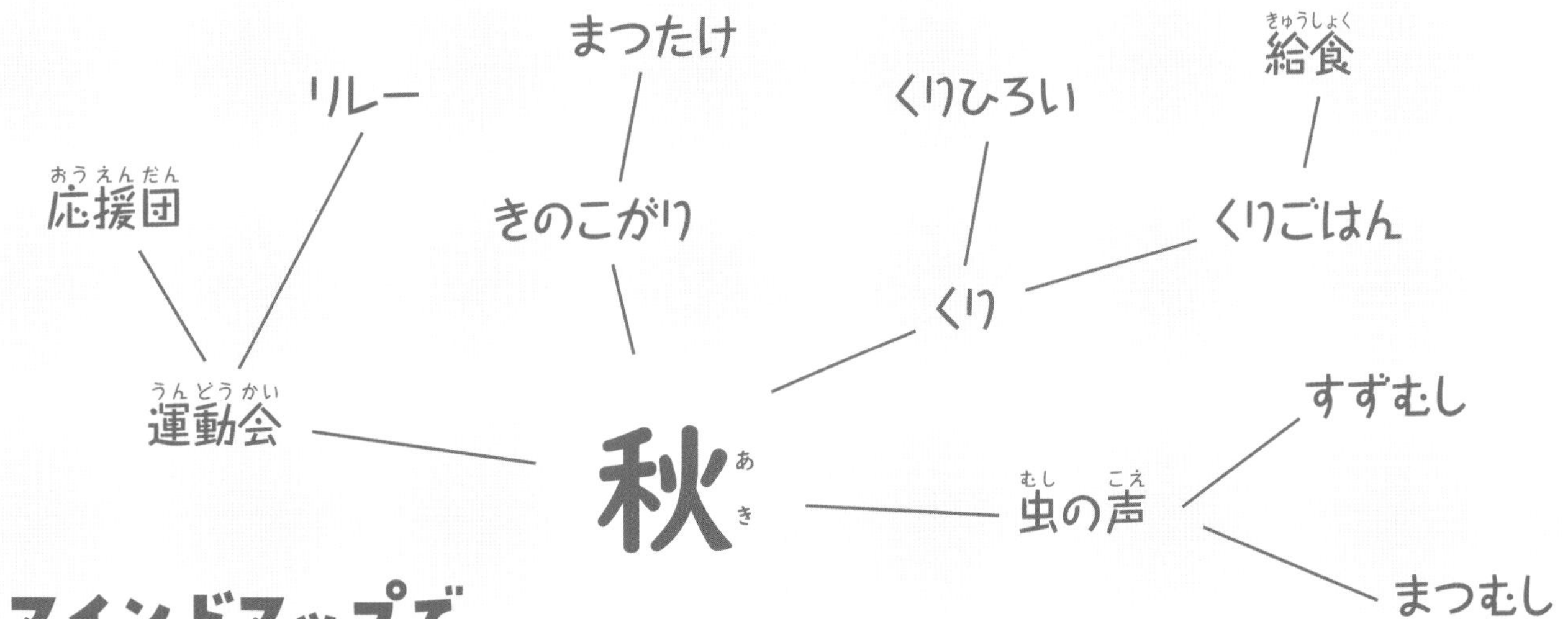
秋《あき》
運動会《うんどうかい》
応援団《おうえんだん》
リレー
きのこがり
まつたけ
くり
くりひろい
くりごはん
給食《きゅうしょく》
虫《むし》の声《こえ》
すずむし
まつむし

マインドマップでイメージをふくらませよう！

中心《ちゅうしん》に決《き》めた季節《きせつ》を書《か》き、イメージを広《ひろ》げてテーマを考《かんが》える方法《ほうほう》もあります。イメージした言葉《ことば》をどんどん広《ひろ》げてみましょう。

文章《ぶんしょう》にまとめてみよう

えらんだテーマを自分《じぶん》の言葉《ことば》で文章《ぶんしょう》にしてみましょう。

文章《ぶんしょう》にまとめる内容《ないよう》

テーマに沿《そ》って日記《にっき》や作文《さくぶん》をまとめることで、自分《じぶん》の伝《つた》えたいことをはっきりさせることができます。「楽《たの》しかった」「うれしかった」という感想《かんそう》だけでなく、自分《じぶん》が見聞《みき》きした事実《じじつ》を具体的《ぐたいてき》に書《か》くと、あとで俳句《はいく》にしやすいでしょう。

ポイント

作文《さくぶん》に取《と》り入《い》れるとよいこと

- 目《め》で見《み》たこと
- 鼻《はな》でかいだにおい
- 耳《みみ》で聞《き》いたこと
- 舌《した》で感《かん》じた味《あじ》
- 体《からだ》で感《かん》じたこと
- たとえてみると

作《さく》文《ぶん》の例《れい》

テーマ　夏祭《なつまつ》りの思《おも》い出《で》

先週《せんしゅう》の日曜日《にちようび》、お姉《ねえ》ちゃんと夏祭《なつまつ》りに行《い》った。出店《でみせ》がたくさん出《で》ていて、とてもにぎやかだった。いろいろ食《た》べたかったけれど、おこづかいがあまり残《のこ》っていなかったので、お姉《ねえ》ちゃんと相談《そうだん》して、かき氷《ごおり》をひとつ買《か》って半分《はんぶん》こにした。

その日《ひ》はとても暑《あつ》く、冷《つめ》たくてあまいかき氷《ごおり》は余計《よけい》においしくて、「生《い》き返《かえ》る〜」とふたりで笑《え》顔《がお》になった。急《いそ》いで食《た》べると頭《あたま》がキーンとしたけれど、それもなんだか楽《たの》しかった。

季《き》語《ご》をえらぼう

歳《さい》時《じ》記《き》を見《み》て俳《はい》句《く》に使《つか》いたい季《き》語《ご》をえらんでみましょう。

歳《さい》時《じ》記《き》を見《み》てみよう

季《き》語《ご》には、学校行事《がっこうぎょうじ》や旬《しゅん》の食《た》べもの、おもしろい言《こと》葉《ば》など様々《さまざま》な種類《しゅるい》があります。

どんな季《き》語《ご》があるのか、歳《さい》時《じ》記《き》で調《しら》べてみましょう。

また、書《か》いた作文《さくぶん》の中《なか》に季《き》語《ご》が入《はい》っていないか調《しら》べ、印《しるし》をつけておきましょう。

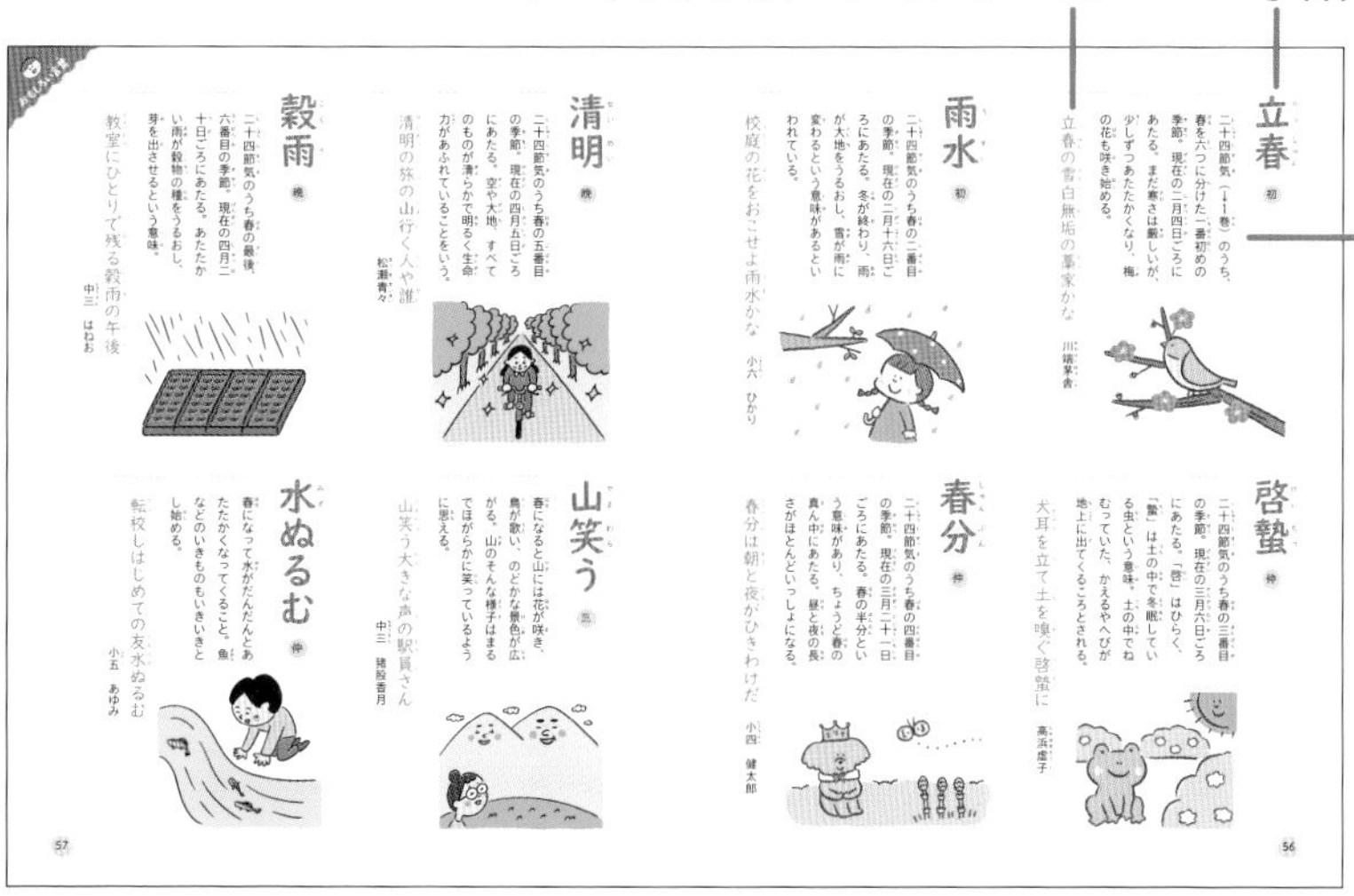

立春　初

二十四節気（→1巻）のうち、春を六つに分けた一番初めの季節。現在の二月四日ごろにあたる。まだ寒さは厳しいが、少しずつあたたかくなり、梅の花も咲き始める。

立春の雪白無垢の藁家かな　川端茅舎

雨水　初

二十四節気のうち春の二番目の季節。現在の二月十六日ごろにあたる。冬が終わり、雨が大地をうるおし、雪が雨に変わるという意味があるといわれている。

校庭の花をおこせよ雨水かな　小六　ひかり

清明　晩

二十四節気のうち春の五番目の季節。現在の四月五日ごろにあたる。空や大地、すべてのものが清らかで明るく生命力があふれていることをいう。

清明の旅の山行く人や誰　松瀬青々

穀雨　晩

二十四節気のうち春の最後、六番目の季節。現在の四月二十日ごろにあたる。あたたかい雨が穀物の種をうるおし、芽を出させるという意味。

教室にひとりで残る穀雨の午後　中三　はねお

啓蟄　仲

二十四節気のうち春の三番目の季節。現在の三月六日ごろにあたる。「啓」はひらく、「蟄」は土の中で冬眠している虫という意味。土の中でねむっていた、かえるやへびが地上に出てくるころとされる。

大耳を立て土を嗅ぐ啓蟄に　高浜虚子

春分　仲

二十四節気のうち春の四番目の季節。現在の三月二十一日ごろにあたる。春の半分という意味があり、ちょうど春の真ん中にあたる。昼と夜の長さがほとんどいっしょになる。

春分は朝と夜がひきわけだ　小四　健太郎

山笑う　三

春になると山には花が咲き、鳥が歌い、のどかな景色が広がる。山のそんな様子はまるでほがらかに笑っているように思える。

山笑う大きな声の駅員さん　中三　猪股香月

水ぬるむ　仲

春になって水がだんだんとあたたかくなってくること。魚などのいきものもいきいきとし始める。

転校しはじめての友水ぬるむ　小五　あゆみ

56　57

伝《つた》えたいイメージの季語《きご》をさがそう

作文《さくぶん》の中《なか》に季語《きご》が入《はい》っていなかったときや、ほかの季語《きご》を使《つか》って俳句《はいく》をつくりたいときは、伝《つた》えたいイメージに合《あ》う季語《きご》をさがしてみましょう。使《つか》う季語《きご》によって、俳句《はいく》の印象《いんしょう》ががらりと変《か》わります。

春《はる》の朝《あさ》 ねこと目《め》があい立《た》ち止《ど》まる

なんだかのんびりあたたかい感《かん》じがするな

季語《きご》を変《か》えると…

春寒《はるさむ》 やねこと目《め》があい立《た》ち止《ど》まる

ちょっとさみしい感《かん》じに変《か》わったね！

季語《きご》は、ただ季節《きせつ》を表《あらわ》すだけでなく、気持《きも》ちや様子《ようす》を表《あらわ》し、想像《そうぞう》をふくらませてくれます。そのため、「楽《たの》しい」「うれしい」「悲《かな》しい」「さみしい」などの気持《きも》ちを、季語《きご》で伝《つた》えることができます。

明《あか》るい・楽《たの》しいイメージの季語《きご》

うららか
のどか
春《はる》めく
風《かぜ》かおる
虹《にじ》
すずし
天高《てんたか》し
さわやか
秋《あき》うらら
春《はる》となり
冬晴《ふゆば》れ
小春《こはる》

暗《くら》い・悲《かな》しいイメージの季語《きご》

冴《さ》え返《かえ》る
春寒《はるさむ》
花冷《はなび》え
梅雨《つゆ》
夏《なつ》の果《は》て
身《み》にしむ
冷《ひや》やか
木枯《こが》らし
すきま風《かぜ》
かじかむ
枯《か》れ木《き》
枯《か》れ野《の》

五《ご》・七《しち》・五《ご》に当《あ》てはめよう

言葉《ことば》や季語《きご》をえらんで構成《こうせい》を考《かんが》えましょう。

五音《ごおん》・七音《しちおん》・五音《ごおん》に組《く》み合《あ》わせよう

作文《さくぶん》の中《なか》から俳句《はいく》にしたいことに線《せん》を引《ひ》いて、言葉《ことば》を取《と》り出《だ》してみましょう。そして、取《と》り出《だ》した言葉《ことば》や文《ぶん》と季語《きご》を整理《せいり》し組《く》み合《あ》わせ、「五音《ごおん》・七音《しちおん》・五音《ごおん》」にまとめてみましょう。

ポイント

音《おん》に合《あ》う言葉《ことば》に言《い》いかえよう

言葉《ことば》や文《ぶん》がそのまま五《ご》・七《しち》・五《ご》の音数《おんすう》にできないときは、言葉《ことば》を言《い》いかえてみましょう。組《く》み合《あ》わせるときに新《あたら》しい言葉《ことば》が思《おも》いついたら、その言葉《ことば》を使《つか》ってみるのもよいです。

取《と》り出《だ》した言葉《ことば》

かき氷《ごおり》 ← **夏《なつ》の季語《きご》・五音《ごおん》**

お姉《ねえ》ちゃんと半分《はんぶん》こすることにした ← **姉《あね》と分《わ》け合《あ》い・七音《しちおん》**

ふたりで笑顔《えがお》になった ← **笑顔《えがお》咲《さ》く・五音《ごおん》**

できた俳句《はいく》

かき氷《ごおり》姉《あね》と分《わ》け合《あ》い笑顔《えがお》咲《さ》く

ワークシートを使《つか》い 俳句《はい》《く》をつくろう

16〜21ページの俳句《はいく》のつくりかたを参考《さんこう》にワークシートを使《つか》って俳句《はいく》をつくってみましょう！

ワークシートはこの本《ほん》の最後《さいご》にあるので、コピーして使《つか》ってね 右下《みぎした》のQR《キューアール》コードからもダウンロードできるよ

俳《はい》句《く》をつくろう

名前《なまえ》［　　　　］

① テーマをさがそう

俳句《はいく》のテーマになりそうなことを、どんどんメモしていこう。

16〜17ページで説明《せつめい》しているよ

・日曜日《にちようび》におじいちゃんとドライブでコスモス畑《ばたけ》に行《い》った

・コスモスの色《いろ》→ピンクやオレンジ、茶色《ちゃいろ》

・近所《きんじょ》のおばさんからおいもをもらったお母《かあ》さんとスイートポテトにした

・友《とも》だちの家《いえ》のねこが家出《いえで》をしたのでみんなで探《さが》した

② 文章《ぶんしょう》にまとめよう

テーマをひとつ決《き》めて、作文《さくぶん》を書《か》こう。

先週《せんしゅう》の日曜日《にちようび》、おじいちゃんにコスモス畑《ばたけ》に連《つ》れて行《い》ってもらいました。ピンクやオレンジのコスモスがほとんどでしたが、中《なか》でも茶色《ちゃいろ》のコスモスが印象《いんしょう》に残《のこ》りました。お菓子《かし》のような甘《あま》いにおいがするので、めずらしくて何枚《なんまい》か写真《しゃしん》をとりました。家《いえ》に帰《かえ》って調《しら》べてみると、その花《はな》はチョコレートコスモスというようです。友《とも》だちにも写真《しゃしん》を見《み》せたいと思《おも》います。

18ページで説明《せつめい》しているよ

19〜21ページで説明《せつめい》しているよ

3 季語《きご》をえらぼう

使《つか》いたい季語《きご》を歳時記《さいじき》を使《つか》ってさがそう。
また、書《か》いた作文《さくぶん》の中《なか》に季語《きご》がないか、調《しら》べてメモしよう。

コスモス

4 組《く》み合《あ》わせて俳句《はいく》にしよう

作文《さくぶん》から言葉《ことば》を取《と》り出《だ》し、メモした季語《きご》と組《く》み合《あ》わせて五《ご》・七《しち》・五《ご》の俳句《はいく》にしよう。

コスモスの写真《しゃしん》を友《とも》に見《み》せたいな

ひとつの俳句《はいく》に入《い》れる季語《きご》はひとつにしよう！
575

42〜49ページで説明《せつめい》しているよ。そこまで読《よ》んだら、このステップにも挑戦《ちょうせん》してみよう

俳句《はいく》をみがこう

下《した》のポイントをチェックして、俳句《はいく》をみがいていこう。
できた俳句《はいく》は、声《こえ》に出《だ》して読《よ》んでみてね。

- むだな言葉《ことば》があったら省略《しょうりゃく》してみよう。
- 言葉《ことば》を変《か》えて表現《ひょうげん》できないか、試《ため》そう。
- 上《うえ》と下《した》の五音《ごおん》を入《い》れかえて、読《よ》み比《くら》べてみよう。
- 切《き》れ字《じ》や擬人法《ぎじんほう》などを試《ため》し、表現《ひょうげん》の工夫《くふう》をしてみよう。

完成《かんせい》した俳句《はいく》

コスモスの思《おも》い出《で》友《とも》におすそわけ

取《と》り合《あ》わせに挑戦《ちょうせん》してみよう

俳句《はいく》には「取《と》り合《あ》わせ」という技《わざ》があります。取《と》り合《あ》わせで俳句《はいく》をつくってみましょう。

ポイント 「取《と》り合《あ》わせ」とは

季語《きご》と、季語《きご》と意味《いみ》の上《うえ》では直接関係《ちょくせつかんけい》のないフレーズを組《く》み合《あ》わせる方法《ほうほう》。

五音《ごおん》の季語《きご》――春《はる》うらら

季語《きご》と意味《いみ》の上《うえ》では関係《かんけい》のうすい十二音《じゅうにおん》――算数《さんすう》テスト満点《まんてん》だ

春《はる》うらら算数《さんすう》テスト満点《まんてん》だ

十二音《じゅうにおん》から考《かんが》えよう

季語《きご》を決《き》める前《まえ》に、先《さき》に十二音《じゅうにおん》のフレーズをつくります。うれしかったことや悲《かな》しかったこと、見《み》ておもしろかったものなど自由《じゆう》に考《かんが》え、十二音《じゅうにおん》にしてみましょう。十二音《じゅうにおん》ができたら、合《あ》わせる季語《きご》をえらびましょう。季語《きご》によって俳句《はいく》のイメージが変《か》わるのでぴったりのものをさがしましょう。

自分《じぶん》の気持《きも》ちや伝《つた》えたいことにぴったりの季語《きご》をさがしてみよう
575

例《れい》

冬《ふゆ》の空《そら》友《とも》とケンカの帰《かえ》り道《みち》

授業中《じゅぎょうちゅう》おなかがなった秋《あき》の空《そら》

俳句《はいく》道場《どうじょう》5

季語《きご》を合《あ》わせてみよう

取《と》り合《あ》わせの形《かたち》に慣《な》れるため、十二音《じゅうにおん》のフレーズに季語《きご》をいろいろ合《あ》わせてみましょう。

□の中《なか》に、下《した》の選択肢《せんたくし》から五音《ごおん》の季語《きご》を入《い》れて俳句《はいく》を完成《かんせい》させましょう。入《い》れる季語《きご》によってどのように印象《いんしょう》が変《か》わるか試《ため》してみましょう。

- □ ケンカしたままた明日《あした》
- □ おなかがすいた帰《かえ》り道《みち》
- □ コップの水《みず》があせをかく
- おにぎりをひとりで食《た》べる □
- プリントを友《とも》に届《とど》ける □

春《はる》
春《はる》の雲《くも》
春《はる》の風《かぜ》
春《はる》うらら
山笑《やまわら》う
花冷《はなび》えや

夏《なつ》
夏《なつ》の雲《くも》
夏《なつ》の風《かぜ》
風《かぜ》かおる
油照《あぶらで》り
夏《なつ》の果《は》て

秋《あき》
秋《あき》の雲《くも》
秋《あき》の風《かぜ》
秋《あき》うらら
天《あま》の川《がわ》
虫《むし》の声《こえ》

冬《ふゆ》
冬《ふゆ》の雲《くも》
冬《ふゆ》の風《かぜ》
雪明《ゆきあか》り
冬《ふゆ》の月《つき》
春《はる》を待《ま》つ

俳句《はいく》道場《どうじょう》6

最後《さいご》の五音《ごおん》から俳句《はいく》をつくろう

最後《さいご》の五音《ごおん》を決《き》めて俳句《はいく》をつくる取《と》り合《あ》わせの型《かた》に挑戦《ちょうせん》してみましょう。

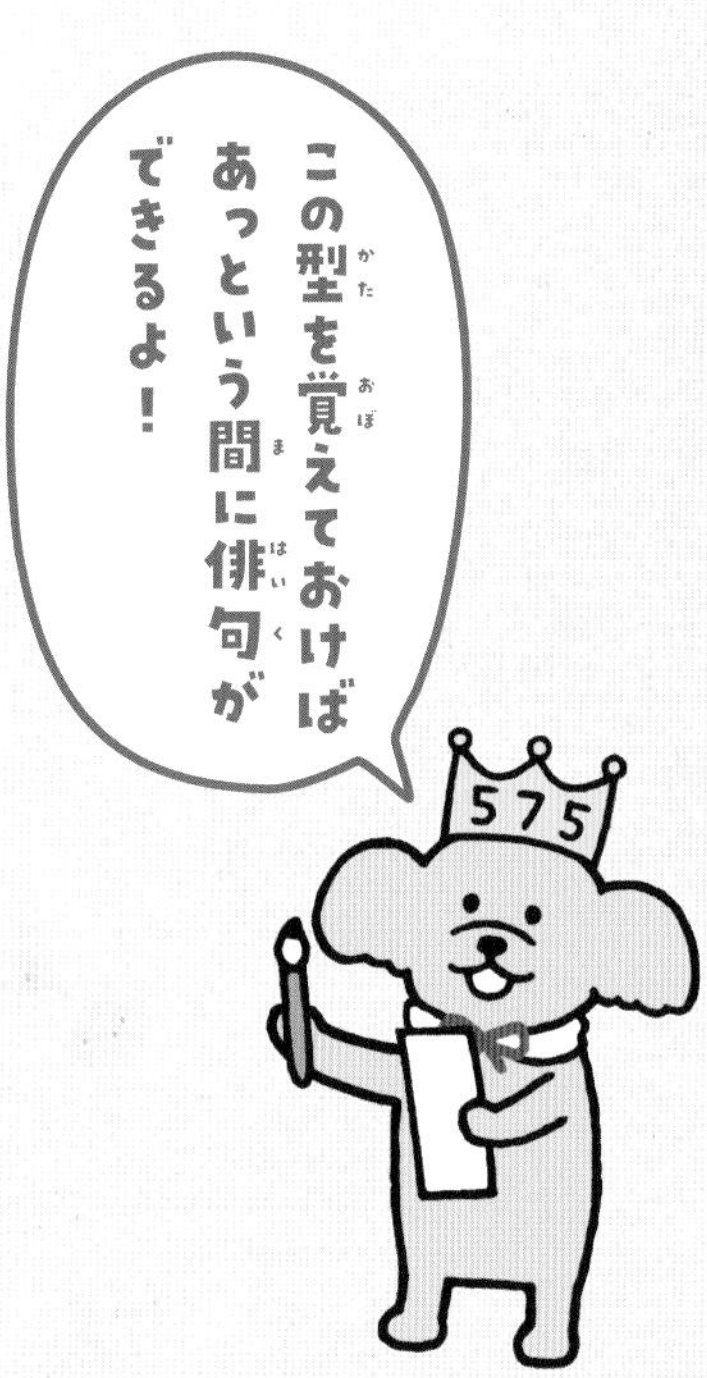
この型《かた》を覚《おぼ》えておけばあっという間《ま》に俳句《はいく》ができるよ！

チャレンジ1　五音《ごおん》の言葉《ことば》をさがそう

まずは、五《ご》・七《しち》・五《ご》の最後《さいご》の五音《ごおん》を決《き》めます。自分《じぶん》のまわりに五音《ごおん》の言葉《ことば》がないか、さがしてみましょう。いくつか見《み》つけたら、その中《なか》から俳句《はいく》にする言葉《ことば》をひとつえらびます。

○○○○○○○○○○○○新聞紙《しんぶんし》

五音《ごおん》

チャレンジ2　七音《しちおん》でくわしく描写《びょうしゃ》しよう

次《つぎ》に、真《ま》ん中《なか》の七音《しちおん》を考《かんが》えます。最初《さいしょ》に決《き》めた五音《ごおん》の言葉《ことば》を七音《しちおん》で描写《びょうしゃ》してみましょう。例《たと》えば、五音《ごおん》の言葉《ことば》を「新聞紙《しんぶんし》」に決《き》めたら、どんな新聞紙《しんぶんし》なのかを七音《しちおん》でくわしく描写《びょうしゃ》します。

○○○○○父《ちち》の読《よ》みかけ新聞紙《しんぶんし》

七音《しちおん》

チャレンジ3
最後《さいご》に季語《きご》をえらぼう

最後《さいご》に頭《あたま》に入《い》れる五音《ごおん》で季語《きご》をえらびます。これまでに考《かんが》えた十二音《じゅうにおん》に合《あ》う季語《きご》を入《い》れてみましょう。

①で決《き》めた五音《ごおん》の言葉《ことば》
②でつくった七音《しちおん》
③でえらんだ五音《ごおん》の季語《きご》

秋風《あきかぜ》や父《ちち》の読《よ》みかけ新聞紙《しんぶんし》

ポイント 季語《きご》はいろいろ試《ため》そう

入《い》れる季語《きご》によって俳句《はいく》のイメージが変《か》わります。いろいろな季語《きご》を入《い》れて試《ため》してみましょう。

ポイント 頭《あたま》の五音《ごおん》以外《いがい》の言葉《ことば》のえらび方《かた》

真《ま》ん中《なか》の七音《しちおん》と最後《さいご》の五音《ごおん》は、季語《きご》以外《いがい》の言葉《ことば》をえらびましょう。えらんだ言葉《ことば》が季語《きご》ではないか、歳時記《さいじき》を使《つか》って調《しら》べておくと安心《あんしん》です。

みんなの俳句《はいく》

春《はる》となりシワがふえたなランドセル

夏《なつ》の夜《よ》やしずかにうなる古時計《ふるどけい》

冬《ふゆ》の朝《あさ》黄身《きみ》のつぶれた目玉焼《めだまや》き

秋日和《あきびより》歩《ある》いてむかうとなり町《まち》

春風《はるかぜ》や姉《あね》のおさがり体《たい》そう着《ぎ》

授業《じゅぎょう》の様子《ようす》を見《み》てみよう

コラム ワークシートを使《つか》った俳句《はいく》づくり

この本《ほん》の監修《かんしゅう》をしている白坂洋一先生《しらさかよういちせんせい》のクラスでの、俳句《はいく》づくりの様子《ようす》を紹介《しょうかい》します。

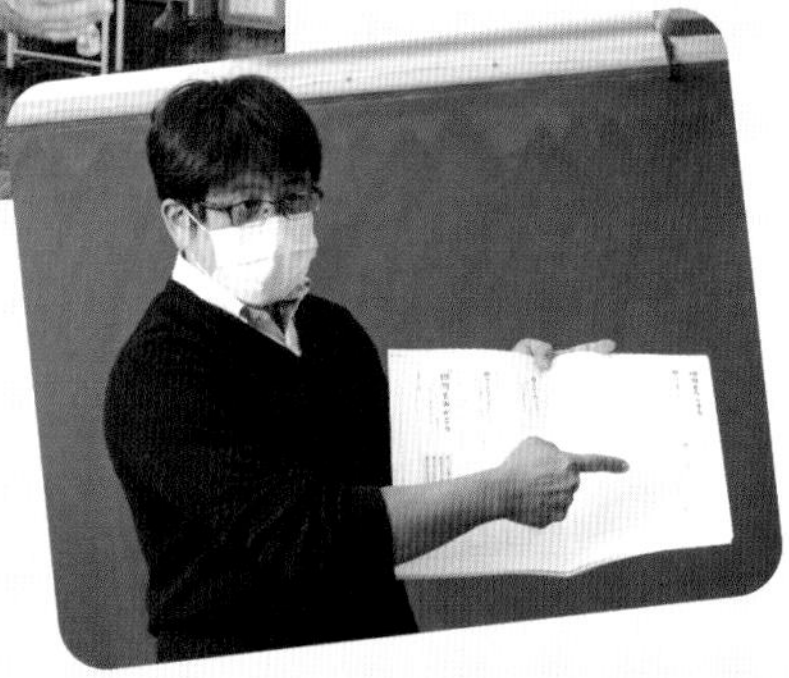

筑波大学附属小学校四《つくばだいがくふぞくしょうがっこうよ》年生《ねんせい》の授業《じゅぎょう》です。ワークシートを使《つか》って俳句《はいく》づくりを進《すす》めていきます。

最近《さいきん》の出来事《できごと》を思《おも》い返《かえ》したり、先生《せんせい》や友《とも》だちにヒントをもらったりしながら、どんどん俳句《はいく》づくりの材料《ざいりょう》を集《あつ》めていきます。

歳時記《さいじき》を使《つか》って、どんな季《き》語《ご》があるかをチェック。

途中《とちゅう》で友《とも》だちと見《み》せ合《あ》い、おたがいにアドバイスして俳句《はいく》を完成《かんせい》させます。俳句《はいく》ができたら、俳句《はいく》にこめた思《おも》いも発表《はっぴょう》し合《あ》いました。

この日《ひ》の授業《じゅぎょう》でできた俳句《はいく》

あるのかな去年《きょねん》なかったつばめの巣《す》

海《かい》がんで楽《たの》しくふいたしゃぼん玉《だま》

雪《ゆき》どけだみんな起《お》きたよ会《あ》いたいよ

3章《しょう》

俳句《はいく》を味《あじ》わおう

月《つき》がテーマの俳句《はいく》

それぞれの俳句《はいく》を声《こえ》に出《だ》してリズムを感《かん》じながら読《よ》んでみましょう。意味《いみ》を知《し》るだけでなく、想像《そうぞう》を広《ひろ》げましょう。

名月《めいげつ》や池《いけ》をめぐりて夜《よ》もすがら

松尾芭蕉《まつおばしょう》

なんときれいな月《つき》だろう。あまりにもきれいだったので、池《いけ》のまわりを一晩中《ひとばんじゅう》、歩《ある》き続《つづ》けてしまったよ。

※この俳句《はいく》は、複数《ふくすう》の解釈《かいしゃく》があります。

名月《めいげつ》をとってくれろと泣《な》く子《こ》かな

小林一茶《こばやしいっさ》

子《こ》どもが空《そら》にうかぶ美《うつく》しい月《つき》を見《み》て、あの月《つき》をとってくれとだだをこねて、泣《な》いている。

襟《えり》巻《まき》に首《くび》引《ひ》き入《い》れて冬《ふゆ》の月《つき》

杉山杉風《すぎやまさんぷう》

きびしい夜《よる》の寒《さむ》さに、えりまきの中《なか》に首《くび》をすくめる。見《み》あげた空《そら》には、冬《ふゆ》の月《つき》が光《ひか》りかがやいていた。

俳人《はいじん》を知《し》ろう

松尾芭蕉《まつおばしょう》

（一六四四年《ねん》～一六九四年《ねん》）

松尾芭蕉《まつおばしょう》は、伊賀国《いがのくに》の上野《うえの》（現在《げんざい》の三重県伊賀市《みえけんいがし》）で生《う》まれました。俳諧《はいかい》を学《まな》ぶようになったのは十九歳《じゅうきゅうさい》のころ。その後《ご》、二十九歳《にじゅうきゅうさい》で江戸《えど》（現在《げんざい》の東京《とうきょう》）に移《うつ》り、多《おお》くの弟子《でし》をもつようになります。

しかし、当時流行《とうじりゅうこう》していた、しゃれや言《こと》葉《ば》遊《あそ》びの俳諧《はいかい》に満足《まんぞく》できず、独自《どくじ》の俳諧《はいかい》を目指《めざ》すようになりました。そして、死《し》ぬまでの間《あいだ》、何度《なんど》も旅《たび》をしながら、静寂《せいじゃく》の中《なか》の自然《しぜん》の美《うつく》しさや人生観《じんせいかん》を詠《よ》んだ句《く》を多《おお》くつくります。

五十一歳《ごじゅういっさい》で亡《な》くなるまで旅《たび》を続《つづ》け、『おくのほそ道《みち》』や『野《の》ざらし紀行《きこう》』などの、多《おお》くの紀行文《きこうぶん》と名句《めいく》を残《のこ》しました。

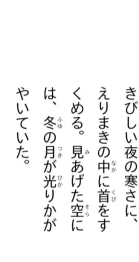

花《はな》がテーマの俳句《はいく》

菜《な》の花《はな》や月《つき》は東《ひがし》に日《ひ》は西《にし》に

与謝蕪村《よさぶそん》

きれいな菜《な》の花《はな》が咲《さ》いている。東《ひがし》の空《そら》を見《み》あげると、月《つき》がのぼっていて、西《にし》の空《そら》には夕日《ゆうひ》がしずもうとしている。

梅《うめ》一輪《いちりん》一輪《いちりん》ほどのあたたかさ

服部嵐雪《はっとりらんせつ》

梅《うめ》の花《はな》が一輪《いちりん》咲《さ》いた。また一輪《いちりん》と咲《さ》いていくごとに、少《すこ》しずつあたたかくなっていく。

咲《さ》き満《み》ちてこぼるる花《はな》もなかりけり

高浜虚子《たかはまきょし》

桜《さくら》の花《はな》が咲《さ》き満《み》ちている。散《ち》る気配《けはい》もなく満開《まんかい》だ。

俳人《はいじん》を知《し》ろう

与謝蕪村《よさぶそん》

(一七一六年《ねん》～一七八三年《ねん》)

与謝蕪村《よさぶそん》は、摂津国《せっつのくに》（現在《げんざい》の大阪府《おおさかふ》）で生《う》まれました。二十歳《にじっさい》のころ江戸《えど》（現在《げんざい》の東京《とうきょう》）にわたり、関東地方《かんとうちほう》で俳諧《はいかい》と絵画《かいが》を学《まな》びました。その後《ご》、俳諧《はいかい》の師匠《ししょう》が亡《な》くなったことをきっかけに、江戸《えど》を去《さ》り、旅《たび》を始《はじ》めます。

蕪村《ぶそん》は、松尾芭蕉《まつおばしょう》の『おくのほそ道《みち》』（→31ページ）の道《みち》のりを旅《たび》しながら、俳句《はいく》を詠《よ》みました。蕪村《ぶそん》は景色《けしき》をえがくように、絵画《かいが》のような俳句《はいく》をつくることで知《し》られています。

また、蕪村《ぶそん》は画家《がか》としても有名《ゆうめい》で、絵画《かいが》は国宝《こくほう》となっているものもあり、俳句《はいく》と絵画《かいが》の両方《りょうほう》で多《おお》くの作品《さくひん》を残《のこ》しました。

動物《どうぶつ》がテーマの俳句《はいく》

雀《すずめ》の子《こ》そこのけそこのけ御馬《おうま》が通《とお》る

小林一茶《こばやしいっさ》

小《ちい》さなすずめの子《こ》よ。そこをどきなどきな。向《む》こうから馬《うま》が来《き》てあぶないぞ。

閑《しず》かさや岩《いわ》にしみ入《い》る蟬《せみ》の声《こえ》

松尾芭蕉《まつおばしょう》

なんて静《しず》かなんだろう。この静《しず》けさの中《なか》で、せみの声《こえ》だけがひびきわたり、岩《いわ》にしみこんでいくようだ。

痩《や》せ蛙《がえる》負《ま》けるな一茶《いっさ》これにあり

小林一茶《こばやしいっさ》

小《ち》さくてやせたかえるよ、戦《たたか》いに負《ま》けるな。一茶《いっさ》がここで応援《おうえん》しているぞ。

俳人《はいじん》を知《し》ろう

小林一茶《こばやしいっさ》

（一七六三年《ねん》～一八二七年《ねん》）

小林一茶《こばやしいっさ》は信濃国《しなののくに》（現在《げんざい》の長野県《ながのけん》）の裕《ゆう》福《ふく》な農家《のうか》に生《う》まれました。しかし、幼《おさな》いころに母《はは》を亡《な》くし、新《あたら》しい母親《ははおや》とは仲良《なかよ》くできず、十五歳《じゅうごさい》で江戸《えど》（現在《げんざい》の東京《とうきょう》）に働《はたら》きに出《で》ます。

やがて、俳諧《はいかい》を学《まな》ぶようになり、二十八《にじゅうはっ》歳《さい》のとき、亡《な》くなった師匠《ししょう》のあとをつぎ、六年《ろくねん》の年月《ねんげつ》をかけて、四国《しこく》や九州《きゅうしゅう》を旅《たび》しながら俳諧《はいかい》の修業《しゅぎょう》をしました。

その後《ご》、故郷《こきょう》に帰《かえ》るも、生活《せいかつ》は貧《まず》しく、一茶《いっさ》の人生《じんせい》は不幸《ふこう》の多《おお》いものでした。動物《どうぶつ》や子《こ》どもなどの力《ちから》の弱《よわ》いものへの愛情《あいじょう》を表《あらわ》した俳句《はいく》が多《おお》いのが特徴《とくちょう》で、二万句《にまんく》にもおよぶ、たくさんの俳句《はいく》を残《のこ》したことでも有名《ゆうめい》です。

雪《ゆき》がテーマの俳句《はいく》

いくたびも雪《ゆき》の深《ふか》さを尋《たず》ねけり

正岡子規《まさおかしき》

病気《びょうき》で寝《ね》たきりの自分《じぶん》は、何度《なんど》も何度《なんど》もくり返《かえ》し、外《そと》ではどれくらい雪《ゆき》が積《つ》もっているのかを聞《き》いてしまった。

雪《ゆき》とけて村《むら》一《いっ》ぱいの子《こ》どもかな

小林一茶《こばやしいっさ》

雪《ゆき》がとけて、子《こ》どもたちが外《そと》に出《で》てきた。遊《あそ》んでいる子《こ》で、村《むら》中《じゅう》があふれかえっているよ。

雪《ゆき》の朝《あさ》二《に》の字《じ》二《に》の字《じ》の下駄《げた》のあと

田捨女《でんすてじょ》

雪《ゆき》がふった朝《あさ》、外《そと》を見《み》てみると雪《ゆき》の上《うえ》に二《に》の字《じ》の形《かたち》のように下駄《げた》の足《あし》あとがたくさんついていた。

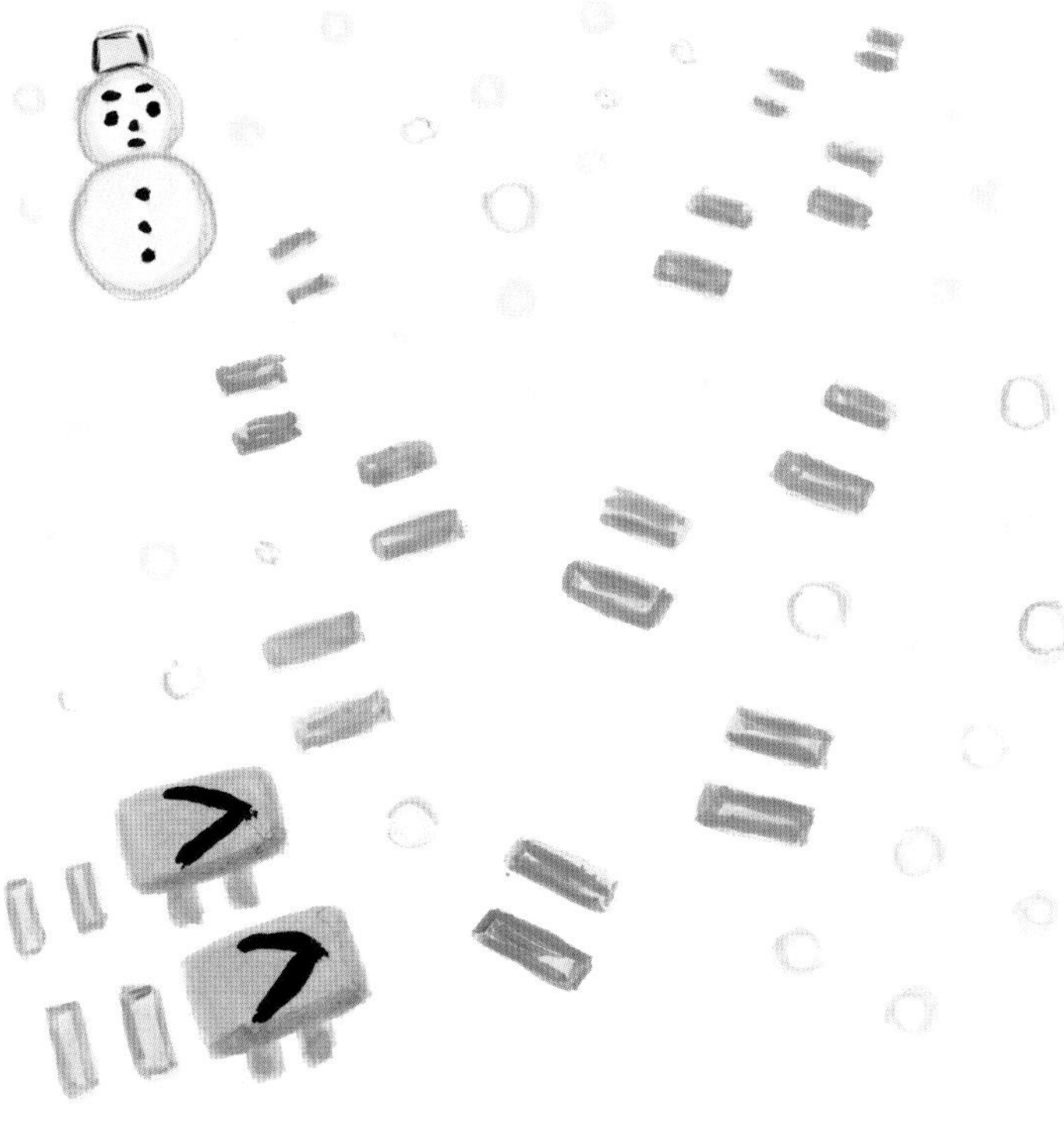

俳人《はいじん》を知《し》ろう

正岡子規《まさおかしき》

（一八六七年《ねん》～一九〇二年《ねん》）

正岡子規《まさおかしき》は伊予国《いよのくに》（現在《げんざい》の愛媛県《えひめけん》）で生《う》まれ、東京《とうきょう》の大学《だいがく》に進《すす》み、やがて新聞記者《しんぶんきしゃ》になりました。

しかし、結核《けっかく》という病気《びょうき》がだんだん重《おも》くなり、三十四歳《さんじゅうよんさい》の若《わか》さで亡《な》くなってしまいます。病気《びょうき》に苦《くる》しみながらも、多《おお》くの俳句《はいく》を残《のこ》し、弟子《でし》たちの指導《しどう》をしました。

正岡子規《まさおかしき》は、近代俳句《きんだいはいく》の基礎《きそ》を築《きず》いた人《ひと》だといわれています。それまでの俳諧《はいかい》（↓12ページ）の発句《ほっく》（最初《さいしょ》の五《ご》・七《しち》・五《ご》）の部分《ぶぶん》を独立《どくりつ》させ、「俳句《はいく》」として定着《ていちゃく》させました。また、目《め》で見《み》たものをそのまま詠《よ》む「写生《しゃせい》」という方法《ほうほう》を俳句《はいく》に取《と》り入《い》れました。

食《た》べものがテーマの俳《はい》句《く》

柿《かき》くへ《（え）》ば鐘《かね》が鳴《な》るなり法隆寺《ほうりゅうじ》

正岡子規《まさおかしき》

柿《かき》を食《た》べていると、鐘《かね》の音《ね》がひびいてきた。これは法隆寺《ほうりゅうじ》の鐘《かね》の音《ね》だな。

目《め》には青葉《あおば》山《やま》ほととぎす初鰹《はつがつお》

山口素堂《やまぐちそどう》

目《め》には青葉《あおば》が美《うつく》しく見《み》える。それに山《やま》からはほととぎすの鳴《な》き声《ごえ》が聞《き》こえる。さあ、いよいよ初鰹《はつがつお》のおいしい季節《きせつ》だ。夏《なつ》が来《き》たんだな。

三《み》つ食《く》へ《（え）》ば葉《は》三片《さんぺん》や桜餅《さくらもち》

高浜虚子《たかはまきょし》

桜餅《さくらもち》を三《みっ》つ食《た》べれば、葉《は》が三枚《さんまい》残《のこ》る。

俳人《はいじん》を知《し》ろう

高浜虚子《たかはまきょし》（一八七四年《ねん》～一九五九年《ねん》）

高浜虚子《たかはまきょし》は、愛媛県《えひめけん》で生《う》まれました。中学時代《ちゅうがくじだい》に親友《しんゆう》の河東碧梧桐《かわひがしへきごとう》からすすめられたことをきっかけに、正岡子規《まさおかしき》の弟子《でし》として俳句《はいく》を始《はじ》めます。その後《ご》、碧梧桐《へきごとう》と共《とも》に上京《じょうきょう》して、子規《しき》が創刊《そうかん》した俳句雑誌《はいくざっし》『ホトトギス』の発行《はっこう》に加《くわ》わりました。

そして、『ホトトギス』を引《ひ》き継《つ》ぎ、数《かず》多《おお》くの俳人《はいじん》を育《そだ》てます。俳句《はいく》を広《ひろ》める活動《かつどう》も積極的《せっきょくてき》におこない、中国《ちゅうごく》や朝鮮半島《ちょうせんはんとう》、ヨーロッパなどで講演《こうえん》をしました。碧梧桐《へきごとう》が五《ご》・七《しち》・五《ご》の形《かたち》や季語《きご》にとらわれない、新《あたら》しい形《かたち》の俳句《はいく》を求《もと》めたのに対《たい》し、虚子《きょし》は五《ご》・七《しち》・五《ご》の形《かたち》と季語《きご》を入《い》れる伝統的《でんとうてき》な俳句《はいく》をつくり広《ひろ》めました。

コラム 俳句《はいく》を絵《え》にしてみよう

俳句《はいく》を味《あじ》わい、好《す》きな作品《さくひん》を見《み》つけたら
その場面《ばめん》を想像《そうぞう》して絵《え》にしてみましょう。

好《す》きな俳句《はいく》を
見《み》つけたら
作者《さくしゃ》についても
調《しら》べてみよう！
もっと想像《そうぞう》が
広《ひろ》がるよ
575

荒海や
佐渡によこたふ
天河
松尾芭蕉

松尾芭蕉《まつおばしょう》の俳句《はいく》から想像《そうぞう》して絵《え》にした作品《さくひん》。

雪だるま
星のおしゃべり
ぺちゃくちゃと
松本たかし

松本《まつもと》たかしの俳句《はいく》から想像《そうぞう》して絵《え》にした作品《さくひん》。

分け入っても分け入っても青い山
種田山頭火

種田山頭火《たねださんとうか》の俳句《はいく》から想像《そうぞう》して絵《え》にした作品《さくひん》。

4章《しょう》

俳句《はいく》をレベルアップさせよう

つくった俳句《はいく》をみがこう

俳句《はいく》ができたら、もっといい作品《さくひん》になるように工夫《くふう》することも大切《たいせつ》です。何度《なんど》も読《よ》み返《かえ》し、自信作《じしんさく》に仕上《しあ》げていきましょう。

ポイント1

言葉《ことば》のむだづかいをなくそう

俳句《はいく》は短《みじか》い文字数《もじすう》で表現《ひょうげん》しなければいけないため、むだな言葉《ことば》を省《はぶ》くことが大切《たいせつ》です。同《おな》じような意味《いみ》の言葉《ことば》が重《かさ》なっていないか確認《かくにん》してみましょう。

例《れい》

帰《かえ》り道《みち》菜《な》の花《はな》たくさん咲《さ》いている

花《はな》は「咲《さ》いている」と言《い》わなくても、意味《いみ》が伝《つた》わります。たとえば「楽《たの》しそう」に変《か》えると、俳句《はいく》にさらに明《あか》るいイメージが加《くわ》わり、想像《そうぞう》が広《ひろ》がります。

帰《かえ》り道《みち》菜《な》の花《はな》たくさん楽《たの》しそう

例《れい》

雨《あめ》が降《ふ》りちょうちょも飛《と》んで雨《あま》やどり

雨《あめ》が「降《ふ》る」、ちょうが「飛《と》ぶ」という言葉《ことば》も、わざわざ説明《せつめい》しなくても意味《いみ》が伝《つた》わります。たとえば、「降《ふ》り」の部分《ぶぶん》には、雨《あめ》がどんな風《ふう》に降《ふ》ったのかを入《い》れます。「飛《と》んで」の部分《ぶぶん》には、ちょうがどんな様子《ようす》なのかなどを入《い》れてみましょう。

雨《あめ》ぴちょりちょうちょうも避難《ひなん》だ雨《あま》やどり

ポイント2 言葉《ことば》を言《い》いかえよう

「楽《たの》しい」「うれしい」「きれい」「すごい」など、気《き》持《も》ちをそのまま言葉《ことば》にしたところは、言《い》いかえられないかを考《かんが》えてみましょう。

例《れい》

きれいだな空《そら》にかがやくオリオン座《ざ》

「きれい」とそのまま気《き》持《も》ちを書《か》くよりも、「どんなものが見《み》えたか」「どんな音《おと》が聞《き》こえたか」などの情報《じょうほう》を入《い》れこむとより具体的《ぐたいてき》に伝《つた》わります。

暗《くら》やみに白《しろ》くかがやくオリオン座《ざ》

例《れい》

春《はる》の日《ひ》に新《あたら》しいくつうれしいな

「うれしい」という言葉《ことば》をそのまま使《つか》わずに、季《き》語《ご》で気《き》持《も》ちを表現《ひょうげん》することもできます。たとえば、「うれしいな」を「春《はる》うらら」に変《か》えると、新《あたら》しいくつをはいてうれしそうな光景《こうけい》が浮《う》かびます。

新《あたら》しいオレンジのくつ春《はる》うらら

ポイント3 言葉《ことば》を入《い》れかえてみよう

上《かみ》の五音《ごおん》と下《しも》の五音《ごおん》を入《い》れかえるだけで、俳句《はいく》の印《いん》象《しょう》が変《か》わることがあります。入《い》れかえて読《よ》んでみて、どちらが印象的《いんしょうてき》に伝《つた》わるかを試《ため》してみましょう。

例《れい》

ソーダ水《すい》走《はし》ったあとはよくしみる

よくしみる走《はし》ったあとのソーダ水《すい》

ひとつ目《め》の俳句《はいく》だと、「よくしみる」の部分《ぶぶん》が印象《いんしょう》に残《のこ》ります。入《い》れかえると、「ソーダ水《すい》」が印象《いんしょう》に残《のこ》り俳句《はいく》の主《しゅ》役《やく》になります。

例《れい》

お弁当《べんとう》いちばん楽《たの》しみ遠足《えんそく》は

遠足《えんそく》のいちばん楽《たの》しみお弁当《べんとう》

最初《さいしょ》の俳句《はいく》は、「遠足《えんそく》」が印象《いんしょう》に残《のこ》りますが、なにが楽《たの》しみなのかがわかりにくくなっています。

入《い》れかえるだけで
イメージが変《か》わったり
伝《つた》えたいことがなにか
はっきりしてきたり
するんだね！
575

俳句《はいく》道場《どうじょう》7

俳《はい》句《く》をなおしてみよう①

俳句《はいく》をもっといいものにするために、工夫《くふう》する練習《れんしゅう》をしましょう。

● 次《つぎ》の俳句《はいく》を順番《じゅんばん》になおしていきましょう。

きれいだなほたるが光《ひか》って飛《と》んでいる

1 むだな言葉《ことば》がないか確認《かくにん》しよう

ヒント ほたるが「光《ひか》る」「飛《と》ぶ」などは言葉《ことば》にしなくても伝《つた》わります。

なおした例《れい》

きれいだな二匹《にひき》のほたる飛《と》んでいる

「光《ひか》って」の部分《ぶぶん》をけずり、「二匹《にひき》の」と新《あたら》しい情報《じょうほう》に。

2 言葉《ことば》を言《い》いかえてみよう

ヒント 「きれいだな」の部分《ぶぶん》を、どのように飛《と》んでいるのか具体的《ぐたいてき》に。

なおした例《れい》

暗闇《くらやみ》に二匹《にひき》のほたる飛《と》んでいる

飛《と》んでいる場面《ばめん》を具体的《ぐたいてき》にする。

3 言葉《ことば》を入《い》れかえてみよう

なおした例《れい》

飛《と》んでいる二匹《にひき》のほたる暗闇《くらやみ》に

※49ページも見《み》てみてね

いろいろな表現《ひょうげん》を知《し》ろう

俳句《はいく》をつくるときに使《つか》える、さまざまな表現方法《ひょうげんほうほう》を紹介《しょうかい》します。

切《き》れ字《じ》

意味《いみ》が切《き》れるところや言《い》い切《き》ったりするところに使《つか》われる、「や」「かな」「けり」などを「切《き》れ字《じ》」と言《い》います。切《き》れ字《じ》は俳句《はいく》の特徴的《とくちょうてき》な表現《ひょうげん》です。

切《き》れ字《じ》にはおもにふたつの役割《やくわり》や効果《こうか》があります。ひとつ目《め》は、間《ま》をもたせる役割《やくわり》です。切《き》れ字《じ》を入《い》れることで、文《ぶん》を言《い》い切《き》ることができます。ふたつ目《め》は、余韻《よいん》を生《う》んだり、強調《きょうちょう》する効果《こうか》です。切《き》れ字《じ》を使《つか》うと、感動《かんどう》を表《あらわ》すことができます。

切《き》れ字《じ》が使《つか》われている俳句《はいく》の例《れい》

閑《しず》かさや岩《いわ》にしみ入《い》る蝉《せみ》の声《こえ》　松尾芭蕉《まつおばしょう》

ポイント　切《き》れ字《じ》の役割《やくわり》

や

おもに上《かみ》の句《く》で使《つか》われ、作者《さくしゃ》の感動《かんどう》や呼《よ》びかけを表《あらわ》します。また、視点《してん》を変《か》える役割《やくわり》もあります。

かな

おもに俳句《はいく》の最後《さいご》に使《つか》われ、作者《さくしゃ》の感《かん》動《どう》やおどろきを表《あらわ》します。俳句《はいく》に余韻《よいん》が生《う》まれ、優《やさ》しい印象《いんしょう》になります。

けり

おもに俳句《はいく》の最後《さいご》に使《つか》われ、作者《さくしゃ》の強《つよ》い気持《きも》ちを伝《つた》えます。また、過去《かこ》のことを言《い》い切《き》る意味《いみ》も持《も》っています。

オノマトペ

人《ひと》や動物《どうぶつ》の声《こえ》などを表《あらわ》す言葉《ことば》や、実際《じっさい》には聞《き》こえないけれど、状態《じょうたい》などを言葉《ことば》にして表《あらわ》したものをオノマトペと言《い》います。オノマトペを使《つか》うと、俳句《はいく》にリズムが生《う》まれます。よく使《つか》われているものだけでなく、自分《じぶん》で新《あたら》しいオノマトペを考《かんが》えましょう。

オノマトペの例《れい》

ざわざわ　ゴーゴー　リンリン　ワンワン
ニャーニャー　しくしく　ポロポロ　ぼとぼと
さらさら　つるり　ふわふわ　ぎゅうぎゅう

オノマトペが使《つか》われている俳句《はいく》の例《れい》

すずらんのりりりりりりと風《かぜ》に在《あ》り　日野草城《ひのそうじょう》

春《はる》の海終日《うみひねもす》のたりのたりかな　与謝蕪村《よさぶそん》

擬人法《ぎじんほう》

擬人法《ぎじんほう》とは、植物《しょくぶつ》や動物《どうぶつ》など人間《にんげん》でないものを、人間《にんげん》のようにたとえて表現《ひょうげん》する方法《ほうほう》です。擬人法《ぎじんほう》を使《つか》うことで、俳句《はいく》が生《い》き生《い》きしてきます。

擬人法《ぎじんほう》の例《れい》

花《はな》が笑《わら》う　空《そら》が泣《な》く　鳥《とり》が歌《うた》う
風《かぜ》がささやく　大地《だいち》が怒《いか》る
ねこが話《はな》す　葉《は》がおどる

擬人法《ぎじんほう》が使《つか》われている俳句《はいく》の例《れい》

行《ゆ》く春《はる》や鳥啼《とりな》き魚《うお》の目《め》は泪《なみだ》　松尾芭蕉《まつおばしょう》

五月雨《さみだれ》をあつめて早《はや》し最上川《もがみがわ》　松尾芭蕉《まつおばしょう》

倒置法《とうちほう》

倒置法《とうちほう》とは、文章《ぶんしょう》の言葉《ことば》の順序《じゅんじょ》を、ふつうの順序《じゅんじょ》と逆《ぎゃく》にすることです。言葉《ことば》を強調《きょうちょう》することができます。

●倒置法《とうちほう》の例《れい》

「はやく走《はし》れ」→「走《はし》れ、はやく」
「ひとつだけ食《た》べた」→「食《た》べた、ひとつだけ」
「祖母《そぼ》の家《いえ》に帰《かえ》る」→「帰《かえ》る、祖母《そぼ》の家《いえ》に」
「声《こえ》が聞《き》こえる」→「聞《き》こえる、声《こえ》が」

●倒置法《とうちほう》を使《つか》った俳句《はいく》の例《れい》

毎年《まいとし》よ彼岸《ひがん》の入《い》りに寒《さむ》いのは　正岡子規《まさおかしき》

やれ打《う》つな蝿《はえ》が手《て》をすり足《あし》をする　小林一茶《こばやしいっさ》

体言止《たいげんど》め

体言止《たいげんど》めとは、文章《ぶんしょう》の最後《さいご》を名詞《めいし》（人《ひと》やものの名前《まえ》）で終《お》わらせることをいいます。体言止《たいげんど》めを使《つか》うことで、俳句《はいく》にリズムをもたせたり、最後《さいご》の名詞《めいし》を強調《きょうちょう》したりすることができます。

●体言止《たいげんど》めの例《れい》

空《そら》に星《ほし》がかがやいている→空《そら》にかがやく星《ほし》
おじがお年玉《としだま》をくれた→おじがくれたお年玉《としだま》

●体言止《たいげんど》めを使《つか》った俳句《はいく》の例《れい》

柿食《かきく》へ《（え）》ば鐘《かね》が鳴《な》るなり法隆寺《ほうりゅうじ》　正岡子規《まさおかしき》

俳句《はいく》ができたら何度《なんど》も声《こえ》に出《だ》して読《よ》んでみよう
575

俳句《はいく》道場《どうじょう》8

俳句《はいく》をなおしてみよう②

いろいろな表現方法《ひょうげんほうほう》を使《つか》って、俳句《はいく》をもっとよくする練習《れんしゅう》をしましょう。

● 45ページでつくった俳句《はいく》をもう一度《いちど》順番《じゅんばん》になおしていきましょう。

飛《と》んでいる二匹《にひき》のほたる暗闇《くらやみ》に

1 オノマトペを使《つか》ってみよう

ヒント 「飛《と》んでいる」様子《ようす》をオノマトペで表現《ひょうげん》してみよう。

なおした例《れい》

ふわふわと二匹《にひき》のほたるが飛《と》んでいる

2 擬人法《ぎじんほう》を使《つか》ってみよう

ヒント 「飛《と》んでいる」の部分《ぶぶん》や「二匹《にひき》のほたる」の部分《ぶぶん》を人間《にんげん》にたとえてみよう。

なおした例《れい》

ふわふわとほたるの夫婦《ふうふ》おどるよう

3 切《き》れ字《じ》を使《つか》ってみよう

ヒント 言葉《ことば》の順番《じゅんばん》を入《い》れかえて、ほたるの夫婦《ふうふ》のうしろに切《き》れ字《じ》を入《い》れてみよう。

完成《かんせい》した俳句《はいく》

ふわふわとおどるほたるの夫婦《ふうふ》かな

コラム 二十四節気《にじゅうしせっき》ってなに？

二十四節気《にじゅうしせっき》とは、地球《ちきゅう》が太陽《たいよう》のまわりをまわる動《うご》きに合《あ》わせて一年《いちねん》を二十四等分《にじゅうよんとうぶん》し、季節《きせつ》の変化《へんか》などを表《あらわ》したものです。だいたい月《つき》に二回《にかい》あります。

季語《きご》は、「二十四節気《にじゅうしせっき》」の考《かんが》え方《かた》を目安《めやす》にして分《わ》けられています。たとえば、二月四日《にがつよっか》ごろを「立春《りっしゅん》」として、春《はる》の始《はじ》まりだと考《かんが》えます。そのため、現在《げんざい》の季節感《きせつかん》とはちがうものもあります。

二十四節気《にじゅうしせっき》と現在《げんざい》の暦《こよみ》

	二十四節気《にじゅうしせっき》による季節《きせつ》	二十四節気《にじゅうしせっき》	現在《げんざい》の暦《こよみ》
春《はる》	初春《しょしゅん》	立春《りっしゅん》	二月四日《にがつよっか》ごろ
		雨水《うすい》	二月十九日《にがつじゅうくにち》ごろ
	仲春《ちゅうしゅん》	啓蟄《けいちつ》	三月六日《さんがつむいか》ごろ
		春分《しゅんぶん》	三月二十一日《さんがつにじゅういちにち》ごろ
	晩春《ばんしゅん》	清明《せいめい》	四月五日《しがついつか》ごろ
		穀雨《こくう》	四月二十日《しがつはつか》ごろ
夏《なつ》	初夏《しょか》	立夏《りっか》	五月五日《ごがついつか》ごろ
		小満《しょうまん》	五月二十一日《ごがつにじゅういちにち》ごろ
	仲夏《ちゅうか》	芒種《ぼうしゅ》	六月六日《ろくがつむいか》ごろ
		夏至《げし》	六月二十一日《ろくがつにじゅういちにち》ごろ
	晩夏《ばんか》	小暑《しょうしょ》	七月七日《しちがつなのか》ごろ
		大暑《たいしょ》	七月二十三日《しちがつにじゅうさんにち》ごろ
秋《あき》	初秋《しょしゅう》	立秋《りっしゅう》	八月八日《はちがつようか》ごろ
		処暑《しょしょ》	八月二十三日《はちがつにじゅうさんにち》ごろ
	仲秋《ちゅうしゅう》	白露《はくろ》	九月八日《くがつようか》ごろ
		秋分《しゅうぶん》	九月二十三日《くがつにじゅうさんにち》ごろ
	晩秋《ばんしゅう》	寒露《かんろ》	十月八日《じゅうがつようか》ごろ
		霜降《そうこう》	十月二十三日《じゅうがつにじゅうさんにち》ごろ
冬《ふゆ》	初冬《しょとう》	立冬《りっとう》	十一月七日《じゅういちがつなのか》ごろ
		小雪《しょうせつ》	十一月二十二日《じゅういちがつにじゅうににち》ごろ
	仲冬《ちゅうとう》	大雪《たいせつ》	十二月七日《じゅうにがつなのか》ごろ
		冬至《とうじ》	十二月二十二日《じゅうにがつにじゅうににち》ごろ
	晩冬《ばんとう》	小寒《しょうかん》	一月五日《いちがついつか》ごろ
		大寒《だいかん》	一月二十日《いちがつはつか》ごろ

5章《しょう》

もっと俳《はい》句《く》を楽《たの》しもう

作品発表《さくひんはっぴょう》のアイデア

俳句《はいく》ができたら、作品《さくひん》を発表《はっぴょう》したり、ほかの人《ひと》とよみあったりして楽《たの》しみましょう。
ここではさまざまな作品《さくひん》の発表《はっぴょう》の仕方《しかた》を紹介《しょうかい》します。

コーヒーフィルターに俳句《はいく》を書《か》く

コーヒーフィルターを切《き》り開《ひら》くと扇《おうぎ》のような形《かたち》になります。そこに俳句《はいく》を書《か》いてみましょう。それだけで、グッと味《あじ》が出《で》ます。

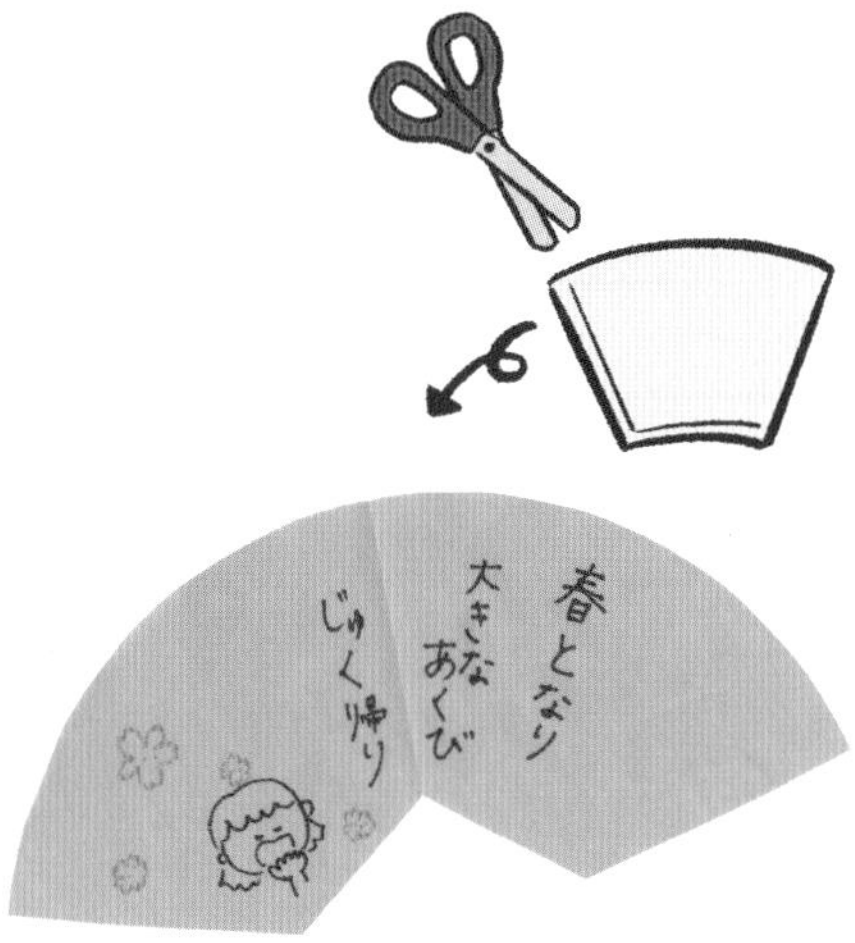
春となり
大きなあくび
じゅく帰り

絵《え》はがきにする

はがきに俳句《はいく》だけでなく、絵《え》を描《か》いてみましょう。俳句《はいく》のイメージがより伝《つた》わりやすくなります。そのままかざったり、だれかに送《おく》ってみたりしてもいいですね。

風さんが
コスモスさんを
おこしにいく
消えてゆく
いっぱいあそんだ
みずぎのあと

写真《しゃしん》に俳句《はいく》を書《か》く

すてきな風景《ふうけい》などを見《み》つけたら写真《しゃしん》を撮《と》って印刷《いんさつ》し、そのイメージに合《あ》う俳句《はいく》をつくってみましょう。写真《しゃしん》に俳句《はいく》を書《か》きこむと、りっぱな芸術《げいじゅつ》作品《さくひん》のできあがりです。

食べごろだ
ぼくの育てた
夏の味
朝顔や
雨のシャワーで
すくすくと

句集《くしゅう》をつくる

句集《くしゅう》とは、俳句《はいく》などの作品《さくひん》を集《あつ》めた書物《しょもつ》のことです。俳句《はいく》がたくさんできたら、自分《じぶん》の句集《くしゅう》をつくってみましょう。ノートにまとめたり、ファイルにとじたり、つくりやすい方法《ほうほう》でチャレンジしてみてください。

①同《おな》じ大《おお》きさの紙《かみ》に俳句《はいく》を書《か》く。

②画用紙《がようし》で前《まえ》とうしろの表紙《ひょうし》をつくる。

③紙《かみ》をまとめてホッチキスで止《と》める。その上《うえ》から、マスキングテープでカバーをする。

手紙《てがみ》やカードに俳句《はいく》を書《か》く

俳句《はいく》ができたら、はがきやメッセージカードなどに書《か》いて、だれかに送《おく》ってみましょう。手紙《てがみ》の最後《さいご》に、俳句《はいく》を書《か》いてみるのもすてきですね。年賀状《ねんがじょう》や暑中見舞《しょちゅうみま》いに、自分《じぶん》の俳句《はいく》と絵《え》を書《か》いて送《おく》るのもよいでしょう。

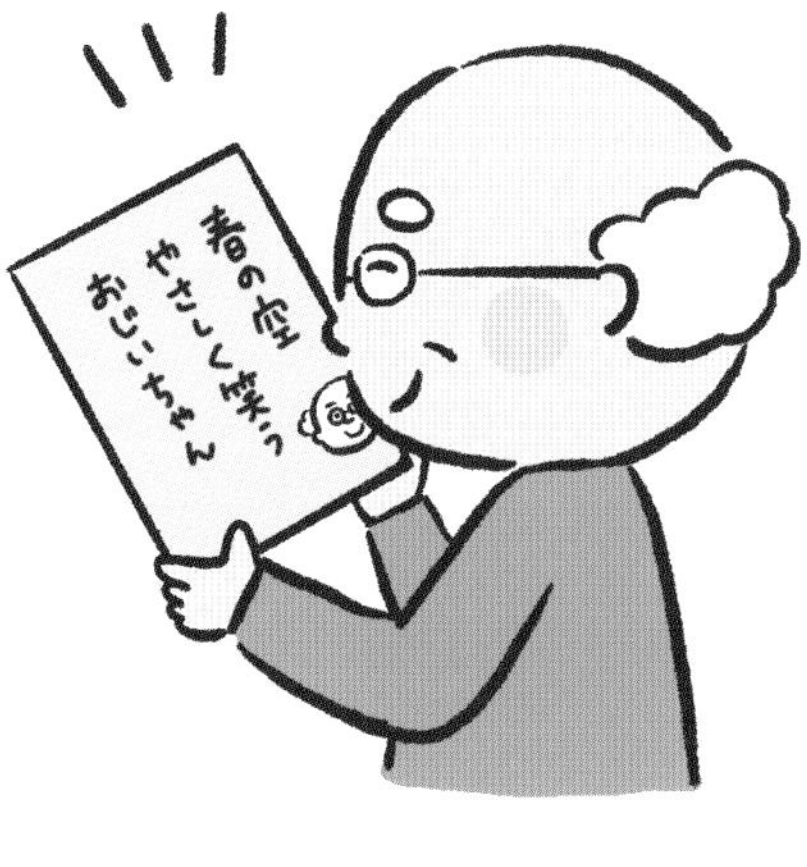

教室《きょうしつ》で句会《くかい》をひらこう

俳句《はいく》はひとりでも楽《たの》しめますが、ほかの人《ひと》とよみあう楽《たの》しさもあります。
句会《くかい》をひらいてみんなで俳句《はいく》を楽《たの》しんでみましょう。

句会《くかい》にはいろいろな方法《ほうほう》があるよ
ここではひとつの例《れい》を紹介《しょうかい》するね！
575

句会《くかい》ってなに？

句会《くかい》とは、自分《じぶん》のつくった俳句《はいく》をもちより、感想《かんそう》を言《い》い合《あ》う会《かい》のことです。句会《くかい》では、自分《じぶん》の俳句《はいく》のよいところや悪《わる》いところを知《し》ることができたり、ほかの人《ひと》の俳句《はいく》から新《あたら》しい発見《はっけん》をしたりすることで、楽《たの》しみながら俳句《はいく》の上達《じょうたつ》につながります。

用意《ようい》するもの

●**短冊《たんざく》（俳句《はいく》を書《か》く紙《かみ》）**

●**清記用紙《せいきようし》（俳句《はいく》を書《か》き写《うつ》す紙《かみ》）**

句会
清記用紙
（　　）

※清記用紙《せいきようし》は一例《いちれい》です。ない場合《ばあい》は自分《じぶん》たちでつくってみましょう。

ステップ1

俳句《はいく》をつくって提出《ていしゅつ》する

まずは句会《くかい》に提出《ていしゅつ》する俳句《はいく》をつくりましょう。ひとつのテーマ（お題《だい》）を決《き》めて、事前《じぜん》に俳句《はいく》をつくってきたり、その場《ば》で俳句《はいく》をつくったりします。このとき、俳句《はいく》ができたら、短冊《たんざく》に書《か》いて提出《ていしゅつ》します。自分《じぶん》の名前《なまえ》は書《か》きません。

ポイント

つくって提出《ていしゅつ》する俳句《はいく》の数《かず》は、参加《さんか》する人数《にんずう》や句《く》会《かい》の時間《じかん》によって決《き》めます。ひとり一《いち》～二句《にく》ずつなど、気軽《きがる》に始《はじ》められる数《かず》がおすすめ。

ステップ2

俳句《はいく》を書《か》き写《うつ》す

提出《ていしゅつ》された短冊《たんざく》をまぜあわせます。そして、それをまたみんなへ配《くば》りましょう。短冊《たんざく》が配《くば》られたら、そこに書《か》かれた俳句《はいく》を清記用紙《せいきようし》に書《か》き写《うつ》します。こうすることで、その俳句《はいく》の作者《さくしゃ》がだれなのかわからなくなります。

ポイント

清記用紙《せいきようし》に俳句《はいく》を書《か》き写《うつ》すときには、まちがえないように気《き》をつけましょう。ほかの人《ひと》の作品《さくひん》なので、勝手《かって》にひらがなを漢字《かん》にしたり、漢字《かんじ》をひらがなにしたり、直《なお》してはいけません。

ステップ3

よいと思《おも》う俳句《はいく》をえらぶ

清記用紙《せいきようし》を集《あつ》めて黒板《こくばん》などにはり出《だ》しましょう。そして、よいと思《おも》った作品《さくひん》をえらんで投票《とうひょう》します。えらんだ俳句《はいく》のとなりに名前《なまえ》を書《か》いて、自分《じぶん》がどの句《く》をえらんだのかわかるようにしましょう。俳句《はいく》をよみあげて、よいと思《おも》ったものに手《て》を挙《あ》げる方法《ほうほう》もあります。

ポイント

俳句《はいく》をえらぶときは、自分《じぶん》のつくった俳句《はいく》ではなく、ほかの人《ひと》の俳句《はいく》をえらび、よいと思《おも》った理由《りゆう》や感想《かんそう》を発表《はっぴょう》できるように考《かんが》えておきましょう。

○月○日(木)
日直 ○○

ステップ4

票《ひょう》の多《おお》い俳句《はいく》と感想《かんそう》を発表《はっぴょう》する

投票《とうひょう》が終《お》わったら、票《ひょう》を数《かぞ》え一番票《いちばんひょう》の多《おお》かった俳句《はいく》をよみあげます。そして、その俳句《はいく》をえらんだ理由《りゆう》や感想《かんそう》などを発表《はっぴょう》しましょう。感想《かんそう》を言《い》い終《お》えたら、俳句《はいく》の作者《さくしゃ》を発表《はっぴょう》します。「この俳句《はいく》をつくったのはどなたですか?」と呼《よ》びかけたら、作者《さくしゃ》は返事《へんじ》をします。作者《さくしゃ》はその俳句《はいく》で伝《つた》えたかったことや、こめた気持《きも》ちを発表《はっぴょう》します。

また、票《ひょう》の多《おお》かった俳句以外《はいくいがい》にも、それぞれがよいと思《おも》った俳句《はいく》や感想《かんそう》などを発表《はっぴょう》しあいましょう。

友《とも》だちの作品《さくひん》のよいところをたくさん伝《つた》えたいな!

いろいろな方法《ほうほう》で俳句《はいく》を楽《たの》しもう

そのほかにも、いろいろな俳句《はいく》の楽《たの》しみ方《かた》を紹介《しょうかい》します。

インターネット句会《くかい》に参加《さんか》する

インターネット上《じょう》で「インターネット句会《くかい》」というものがひらかれ、会《あ》ったことのない人同士《ひとどうし》で、おたがいの俳句《はいく》を読《よ》んで、感想《かんそう》を言《い》い合《あ》うことができます。興味《きょうみ》があるものを見《み》つけたら、必《かなら》ずおうちの人《ひと》に相談《そうだん》してから参加《さんか》してください。

吟行《ぎんこう》へいく

吟行《ぎんこう》とは、どこかに出《で》かけて、歩《ある》きながら俳句《はいく》のテーマになりそうなものをさがすことです。その場《ば》で俳句《はいく》にできなくても、テーマになりそうなものをメモしておき、あとで俳句《はいく》にすることもできます。家族《かぞく》や友《とも》だちと吟行《ぎんこう》して、そのあとに句会《くかい》をひらくのも楽《たの》しいでしょう。

コンクールに参加《さんか》する

さまざまな俳句《はいく》のコンクールがおこなわれています。また、新聞《しんぶん》の俳句《はいく》らんに応募《おうぼ》する方法《ほうほう》もあります。コンクールや新聞《しんぶん》ごとに、応募方法《おうぼほうほう》や決《き》まりなどがちがうので、いろいろ調《しら》べてみましょう。

季語《きご》さくいん

このシリーズの2巻《かん》から5巻《かん》で紹介《しょうかい》した季語《きご》を五十音順《ごじゅうおんじゅん》に並《なら》べています。

あ

か

さ

た

※このシリーズでは、2巻《かん》で春《はる》の季語《きご》、3巻《かん》で夏《なつ》の季語《きご》、4巻《かん》で秋《あき》の季語《きご》、5巻《かん》で冬《ふゆ》・新年《しんねん》の季語《きご》を紹介《しょうかい》しています。一部《いちぶ》、季節《きせつ》の分類《ぶんるい》や時期《じき》の分類《ぶんるい》などがほかの歳時記《さいじき》とちがうことがあります。

監修

白坂洋一《しらさかよういち》

1977年鹿児島県生まれ。鹿児島県公立小学校教諭を経て、2016年より筑波大学附属小学校国語科教諭。『例解学習漢字辞典』（小学館）編集委員。『例解学習ことわざ辞典』監修。全国国語授業研究会理事。「子どもの論理」で創る国語授業研究会会長。主な著書に『子どもを読書好きにするために親ができること』（小学館）等。

協力

秋尾敏《あきおびん》

1950年埼玉県生まれ。千葉県公立中学校・教育委員会勤務を経て、1999年より軸俳句会主宰。全国俳誌協会会長、現代俳句協会副会長。評論集に『子規の近代 ー滑稽・メディア・日本語ー』（新曜社）、『虚子と「ホトトギス」ー近代俳句のメディア』（本阿弥書店）等、句集に『ふりみだす』（本阿弥書店）等。

イラスト　おおたきょうこ
キタハラケンタ
meppelstatt
山中正大
山本祐司

デザイン　阿部美樹子
DTP　中尾淳

校正　村井みちよ

編集・制作　株式会社 KANADEL

参考文献　『俳句の授業ができる本 創作指導ハンドブック』（三省堂）
『五七五で毎日が変わる！俳句入門』（朝日新聞出版）
『親子で楽しむこども俳句塾』（明治書院）
『短歌・俳句　季語辞典』（ポプラ社）

みんなの俳句がいっぱい！

学校歳時記 1 俳句のつくりかた

発行　2023年4月　第1刷
監修　白坂洋一
発行者　千葉 均
編集　小林真理菜
発行所　株式会社ポプラ社
〒102-8519　東京都千代田区麹町 4-2-6
ホームページ　www.poplar.co.jp（ポプラ社）
kodomottolab.poplar.co.jp（こどもっとラボ）
印刷・製本　図書印刷株式会社

ISBN978-4-591-17641-2　N.D.C.911 ／ 63p ／ 27cm Printed in Japan

P7237001

みんなの俳句がいっぱい！

学校歳時記

全5巻

セット
N.D.C.911

監修
筑波大学附属小学校
白坂洋一

協力
現代俳句協会
秋尾敏

夏井いつき
（選・鑑賞）

1巻 俳句のつくりかた N.D.C.911

2巻 春の季語 N.D.C.911

3巻 夏の季語 N.D.C.911

4巻 秋の季語 N.D.C.911

5巻 冬・新年の季語 N.D.C.911

小学校低学年から　AB版／各63ページ
図書館用特別堅牢製本図書

俳《はい》句《く》をつくろう

名前《なまえ》

1 テーマをさがそう

俳句《はいく》のテーマになりそうなことを、どんどんメモしていこう。

2 文章《ぶんしょう》にまとめよう

テーマをひとつ決《き》めて、作文《さくぶん》を書《か》こう。